Impressum

1. Auflage 2019

Herausgeber:
Verband Bildung und Erziehung,
Behrenstraße 24, 10117 Berlin

© 2019 VBE Verlag NRW GmbH
Westfalendamm 247, 44141 Dortmund
www.vbe-verlag.de
info@vbe-verlag.de
Telefon 0231 420061

Umschlag und Satz: Kirsch Kürmann Design GbR, Dortmund

Druck und Bindung: CPI books GmbH, Leck

Dieses Buch wurde in Deutschland hergestellt.

Bibliografische Information der Deutschen Bibliothek
Die Deutsche Bibliothek verzeichnet diese Publikation in der Deutschen Nationalbibliografie; detaillierte bibliografische Daten sind im Internet über **http://dnb.d-nb.de** abrufbar.

ISBN: 978-3-934-528-40-6
Best.-Nr. 1140

MIX
Papier aus verantwor-
tungsvollen Quellen
FSC® C083411

Klaus Spenlen

Sondieren, abwägen, handeln –

Schule und Islam –

wie sich 90 Alltagskonflikte lösen lassen

Inhaltsverzeichnis

Vorwort

Die Zusammensetzung der Klassen in unseren Schulen wird immer heterogener. Immer mehr Kinder und Jugendliche mit unterschiedlichen sozialen, kulturellen und religiösen Hintergründen treffen aufeinander. Ein funktionierendes Miteinander in solchen Gruppen und dadurch geprägten Schulen ist nur möglich, wenn es klare Regeln und Strukturen sowie einen gemeinsamen Wertekanon gibt.

Es ist Teil des Bildungs- und Erziehungsauftrags von Lehrerinnen und Lehrern, Schülerinnen und Schüler umfassend und qualitativ hochwertig zu unterrichten. Hierzu gehört es auch, sich mit der Religionszugehörigkeit auseinanderzusetzen und sensibel auf die Bedürfnisse der Kinder einzugehen, um ein wechselseitiges Verständnis zu fördern.

Der Islam ist in all seinen unterschiedlichen Ausprägungen in Gesellschaft und damit auch in Schule längst zu einem festen Bestandteil unseres Alltags geworden. Das ist bereichernd, und gleichzeitig stellt es Lehrkräfte vor große Herausforderungen, die mit vielen Fragen verbunden sind. Dies zeigen auch die stark nachgefragten Fortbildungsveranstaltungen des Verbandes Bildung und Erziehung (VBE) und seiner Landesverbände zu diesem Themenbereich.

Dr. Klaus Spenlen, einer der wenigen ausgewiesenen Experten im Bereich Schule und Islam, hat in den letzten Jahren wesentliche Fragen, die von Lehrkräften im Rahmen seiner Fortbildungen und Forschungsarbeiten an ihn herangetragen wurden, aufgearbeitet. Mit dem nun vorliegenden Buch bietet er Lösungen für 90 konkrete Alltagskonflikte im Kontext Schule und Islam an. Dabei berücksichtigt er mit hoher Sachkompetenz, die ihn als Islam- und Migrationsforscher an der Heinrich-Heine-Universität Düsseldorf auszeichnet, sowohl Vorschriften in Schule als auch die des Islam.

Diese Grundlagen hinterfragt er zudem kritisch unter religions-, gesellschafts- und integrationspolitischen Perspektiven. Ich bin mir sicher, dass das Ergebnis ein hoch praxisrelevantes und für Lehrkräfte äußerst nutzbringendes Werk ist.

Wir freuen uns, dass wir Dr. Klaus Spenlen für dieses Buchprojekt, das vom VBE Bundesverband herausgegeben wird, gewinnen konnten und bedanken uns ausdrücklich bei ihm. Ihnen wünschen wir eine gewinnbringende Lektüre des Buches und hoffen, dass es Ihnen ein rechtssicheres und konfliktlösendes Handeln in der Schule erleichtert.

Mit freundlichen Grüßen

Udo Beckmann
Bundesvorsitzender
Verband Bildung und Erziehung (VBE)

Einleitung

Konflikten liegen Grenzziehungen zugrunde und gelegentliche Versuche, diese zu überschreiten, im Idealfall zu überwinden und Fragen nach Identität und Gemeinschaft kooperativ zu beantworten.

Grenze meint, einen Bereich abzustecken, in dem verbindliche Regeln, vereinbarte Ordnungen und gemeinsame Werte gelten. Bei Grenzen geht es also um Aus- und Abgrenzung und das Bemühen, eigene Standpunkte zu gewinnen und durchzusetzen. Mithin sind Grenzen auch Markierungen für „die" Gesellschaft oder Teile von ihr, in deren Geltungsbereich Gesetze festgeschrieben, Sprache vorgegeben und die Einhaltung von Konventionen erwartet wird.

Grenzen, auch Selbstausschlüsse, sind jedoch etwas Gemachtes, mithin Veränderbares. Sie haben immer dazu gereizt, ihre Befestigungen auszubauen oder aber sie zu überwinden. Ohne Versuche, über Hürden zu springen, Grenzen einzureißen und neue Wege zu gehen, wären Leistungsgesellschaft, Bildung, Wissenschaft und Fortschritt nicht vorstellbar. Mithin drücken Grenzveränderungen auch Dynamik und Zuversicht aus und ein Versprechen, das sich aus Erwartungen an Zukünftiges speist.

An Grenzüberwindung sind Fragen geknüpft: Wer soll dazugehören, wer nicht? Was sind die Ausschlussgründe? Sind diese überwindbar? Wenn ja, wie und zu welchem Preis? Und: Können Schulen Orte sein, in denen Grenzen überwunden werden und davon Signale sogar nach außen, bis in die Gesellschaft, wirken?

Schulen haben die Aufgabe, Urteilskraft in den Mittelpunkt von Unterricht und Erziehung zu rücken. Dazu müssen sie ihre Schülerschaft mit Kenntnissen ausstatten, die zu Haltungen führen. Ein solchermaßen gebildeter Mensch produziert eigene Gedanken, jenseits von Mainstream und ist bereit, für Konflikte Lösungen zu entwickeln. Ein naheliegendes Betätigungsfeld für Schulen ist die Klärung des Verhältnisses zum Islam sowie zu und zwischen ihren nichtmuslimischen und den muslimischen Schüler*innen.

Damit besteht die Chance, mittel- und langfristig Grenzziehungen zu überwinden, den Bereich der Gemeinsamkeiten zu vergrößern, in Milieus innerhalb und außerhalb von Markierungen hineinzuwirken und gegen Abschottungen kenntnisreich und engagiert vorzugehen. Dieses Buch will Schulen und Lehrkräfte darin unterstützen.

Dazu gehört auch der Hinweis, dass die Konflikte Fallstudien sind, die als jeweilige Einzelfälle von Schulen zusammengetragen wurden und nicht konstitutiv für den Schulalltag sind. Lösungen wurden für den Bedarfsfall entwickelt.

Klaus Spenlen

Verzeichnis der Schulkonflikte und ihre Lösungen

Wie kommt es zu einer wirklichen Verbindung zwischen Menschen?
Wenn das gleiche Wissen eine Tür zwischen ihnen öffnet.
Suche in jenen, mit denen du zusammen bist, stets nach
deinem innersten Wesen. Wie Rosenöl aus Rosen trinkt.
Selbst auf dem Grab eines Heiligen legt ein Heiliger Gesicht
und Hände nieder und nimmt Licht auf.

Dschalal ad-Din Muhammad Rumi (1207 - 1273)

1. Konflikte in Schulen – Lösungsmuster

Schulen und Religionen sind Teile von Öffentlichkeit und Gesellschaft, die ihr Verhältnis zueinander klären müssen. Die Basis dazu bildet das **Grundgesetz** (GG). Deshalb sollen Lehrkräfte zunächst mit grundlegenden Kenntnissen im Umgang mit Konflikten, die sich daraus ergeben können, ausgestattet werden.

a. Gesellschaftskonflikte

Konflikte, die sich in Schulen aus unterschiedlichen Identitäten und Milieus ihrer Schüler*innen und Lehrkräfte ergeben, sind keine Religions-, sondern durchweg Gesellschaftskonflikte, die aber in Schulen ausgetragen werden. Für solche Konflikte, die die Mehrzahl bilden, gibt es keine Blaupausen für Lösungen, sondern lediglich eine Zielperspektive: Allem, was eine Spaltung der Schülerschaft und der Gesellschaft zur Folge hat, müssen Schulen mit unterrichtlichen und erzieherischen Maßnahmen begegnen. Hier ist die berufliche Expertise von Lehrkräften gefragt. Sie können für Lösungen, die für diese Art von Konflikten angeboten werden, im Kern an zwei Stellschrauben drehen: der **Schulpraxis**, die auf Basisqualifikationen von Lehrkräften und Erfahrungen von Schulen beruhen, sowie ggf. dem **Schulrecht**, das in Einzelfällen pädagogische Maßnahmen begleiten kann. Der Firnis „Islam", der über viele solcher Gesellschaftskonflikte gepinselt wird, lässt sich bei den meisten leicht abwaschen. Übrig bleiben dann Kontroversen mit oder zwischen Schüler*innen, die Lehrkräften geläufig sind und die eher nichts mit Religion zu tun haben. Dennoch ist häufig „der" Islam oder was entweder dafür gehalten oder von Muslimen Interesse geleitet instrumentalisiert wird, Subjekt oder Objekt, Auslöser oder Zielobjekt der hier behandelten Konflikte. Sie rühren durchweg aus individuellen Wahrnehmungs- und Bewertungsunterschieden, abweichenden Rollenverständnissen sowie aus Grenzüberschreitungen, zu denen auch Tabubrüche gehören.

Für diese Art von Konflikten in Schulen gibt es keine Musterlösungen, es werden vielmehr Einzelfalllösungen zu häufig vorkommenden Konflikten angeboten.

b. Rechtskonflikte

In einigen Fällen sind Konflikte in Schulen, die einen religiösen Hintergrund haben, jedoch **Rechtskonflikte,** weil sie sich aus religiösen Grundlagen und der Glaubenspraxis ergeben und das Grundgesetz berühren. Dafür werden in diesem Kapitel Hintergrundwissen – zumeist über den mehrheitlich sunnitischen Islam in Deutschland – und Lösungsmuster bereitgestellt. Dazu zunächst Grundsätzliches:

Die **Religionsfreiheit** ist Teil des Grundrechtsteils des GG. Art. 4 bestimmt:

> *„(1) Die Freiheit des Glaubens, des Gewissens und die Freiheit des religiösen und weltanschaulichen Bekenntnisses sind unverletzlich.*
>
> *(2) Die ungestörte Religionsausübung wird gewährleistet."*

Das Bundesverfassungsgericht führt in seiner Entscheidung vom 24. September 2003 – 2 BvR 1436/02 – dazu aus:

> *„Die in Art. 4 Abs. 1 und 2 GG verbürgte Glaubensfreiheit ist vorbehaltlos gewährleistet. Einschränkungen müssen sich daher aus der Verfassung selbst ergeben. Hierzu zählen die Grundrechte Dritter sowie Gemeinschaftswerte von Verfassungsrang [...]. Die Einschränkung der vorbehaltlos gewährleisteten Glaubensfreiheit bedarf überdies einer hinreichend bestimmten gesetzlichen Grundlage".*

Das **Grundgesetz als Basis** wird „flankiert" von weiteren Perspektiven, zu denen auf Schulseite die bereits erwähnte Schulpraxis sowie das Schulrecht zählen. Bei Rechtskonflikten rückt jedoch ein anderes Räderwerk in den Mittelpunkt, das bei umsichtiger Anwendung in den meisten Fällen wie geschmiert läuft. Auf Religionsseite sind das die jeweiligen religiösen Quellen, im Islam also **Koran** und *sunna* (oder: *hadîthe*) sowie auch hier eine sich im Laufe der Jahrhunderte herausgebildete **Religionspraxis**, wie z. B. die für islamische Festtage. Da ein Teil der Konflikte zwischen Religionen und der Gesellschaft, mithin auch von Schule und Islam, vor Gericht landen, sind zudem **rechtskräftige Entscheidungen zumeist von Obergerichten** zu beachten.

Als Beispiel mag die Entscheidung des Bundesverfassungsgerichts vom 31. Mai 2006 – 2 BvR 1693/04 – dienen, weil hierin eine grundsätzliche Positionierung von Gesellschaft und Religion gesehen werden kann:

> *„Die Allgemeinheit hat ein berechtigtes Interesse daran, der Entstehung von religiös oder weltanschaulich motivierten ´Parallelgesellschaften´ entgegenzuwirken und Minderheiten zu integrieren. Integration setzt dabei nicht nur voraus, dass die Mehrheit der Bevölkerung religiöse oder weltanschauliche Minderheiten nicht ausgrenzt; sie verlangt auch, dass diese sich selbst nicht abgrenzen und sich einem Dialog mit Andersdenkenden und -gläubigen nicht verschließen [...]."*

c. Verfassungsrechte in Schulen

Das GG bildet also die Grundlage für das Zusammenleben in Deutschland. Gleichwohl können Rechte und Pflichten, die sich aus einer Verfassungsnorm ergeben, in **Kollision mit anderen**

Verfassungsnormen geraten, auch in Schulen. Grundrechte, die im Zusammenhang mit religiösem Leben betroffen sein können, sind im Wesentlichen die Art. 2 (Persönliche Freiheitsrechte), 3 (Gleichheitsgrundsatz), 4 (Glaubens- und Gewissensfreiheit), 5 (Meinungsfreiheit), 6 (Elternrecht), 7 (Bildungs- und Erziehungsauftrag des Staates durch Schulen), ggf. 8 (Versammlungsfreiheit) sowie 20 (Staatsgewalt, Widerstandsrecht).

Beispiele aus verschiedenen Religionen – Judentum, Islam, Aleviten-, Mennoniten- und Jesidentum – und Lebensbereichen mögen dies verdeutlichen: Bei der Frage der rituellen Beschneidung von Jungen kollidieren u. a. das Grundrecht von Art. 4 mit Art. 2 Abs. 2 (Recht auf Leben und körperliche Unversehrtheit). Bei der Frage der Bedeckung von Frauen und Mädchen durch sog. religiöse Schleier („Kopftücher") oder ihrer Teilnahme am koedukativen Sportunterricht muss zwischen Art. 4, Art. 6 sowie Art 7 abgewogen werden. Zudem bestimmt Art. 7 Abs. 3 den **Religionsunterricht als res mixta**, also als gemeinsame Aufgabe von Staat und Religionsgemeinschaft. Hier können die Glaubensgrundsätze der Religionsgemeinschaften und der Auftrag des Staates kollidieren, wenn z. B., wie es in einigen Ländern Rechtspraxis ist, in gemeinsamer Verantwortung ein Lehrplan entwickelt wird.

Das **elterliche Erziehungsrecht** ist in Art. 6 Abs. 2 Satz 1 GG festgelegt. Danach sind Pflege und Erziehung das natürliche Recht von Eltern und ihre wichtigste Pflicht. Diese elterlichen Rechte und Pflichten gelten auch in Schulen. Bei noch nicht religionsmündigen Kindern haben daher Eltern das Recht, ihre Kinder nach ihren eigenen religiösen und weltanschaulichen Vorstellungen zu erziehen. Das elterliche Erziehungsrecht findet aber seine Grenzen im Wohl des Kindes und im staatlichen Bildungs- und Erziehungsauftrag der Schule.

Die **Rechte der Schüler*innen** treten mit Eintritt der **Religions-mündigkeit** mit Vollendung des 14. Lebensjahres in Kraft. Von diesem Zeitpunkt an erwerben sie das Recht, selbst über ihre Religionszugehörigkeit sowie ihre Religionsausübung zu entscheiden. Mit Eintritt der Religionsmündigkeit endet das Recht der Eltern, über die Teilnahme des Kindes am Religionsunterricht zu bestimmen. Sie verlieren aber nicht ihr Recht, sich auch weiterhin im Einklang mit dem Kind um dessen religiöse Belange zu kümmern.

d. Lösungsmuster für Rechtskonflikte

Die für die Verfassungsrechtsprechung der Gegenwart vielleicht wichtigste Einsicht liegt darin, dass bei kollidierenden Verfassungswerten nicht nach dem Vorrang zu fragen ist, sondern nach einem Ausgleich. Das gilt auch für Schulen:

> *„Verfassungsrechtlich geschützte Rechtsgüter müssen in der Problemlösung einander so zugeordnet werden, dass jedes von ihnen Wirklichkeit gewinnt. Wo Kollisionen entstehen, darf nicht in vorschneller ´Güterabwägung´ oder gar abstrakter ´Werteabwägung´ eines auf Kosten des anderen realisiert werden. Vielmehr stellt das Prinzip der Einheit der Verfassung die Aufgabe einer Optimierung: Beiden Gütern müssen Grenzen gezogen werden, damit beide zu optimaler Wirksamkeit gelangen können"* (Konrad Hesse).

Für ausgleichende Lösungen wird der Begriff **praktische Konkordanz** verwendet. Er bedeutet, im Fall einer Konkurrenz von Grundrechten einen Mittelweg zu finden, der allen beteiligten Grundrechten zur Geltung verhilft, ohne eines davon zu sehr einzuschränken oder zu bevorzugen. Damit spiegelt das Recht einen Alltagsgrundsatz: Verständigung braucht Verständnis und Kompromissbereitschaft.

Der zweite bedeutsame Faktor zur Lösung von Konflikten in Schulen ist die **Wahrung des Schulfriedens**. Mit „Schulfrieden" ist ein Zustand der Konfliktfreiheit und -bewältigung gemeint, der im Interesse der Verwirklichung des staatlichen Bildungs- und Erziehungsauftrags den ordnungsgemäßen Unterrichtsablauf erst ermöglicht. Er muss jederzeit gesichert sein.

Schließlich können die „heiligen Quellen" Koran und *sunna* (oder: *hadîthe*) selbst durch **Ausnahmeregelungen und Dispense** ein Instrument für Konfliktlösungen auch in Schulen darstellen.

Für den Schulbereich gilt mithin: Der staatliche Bildungs- und Erziehungsauftrag (Art. 7 Abs. 1 GG) ist dem Erziehungsrecht der Eltern (Art. 6 GG) und den Religionsrechten der Schülerinnen und Schüler (Art. 4 GG Abs. 1 und 2) gleichgeordnet. Durch Art. 7 Abs. 1 GG ist der Staat zur Festlegung von Unterrichtszielen und zur Formulierung eigener Erziehungsziele ermächtigt, und die Erziehung in der Schule ist auf diese Ziele auszurichten.

Die in diesem Buch geschilderten Rechtskonflikte in Schulen samt deren Lösungen orientieren sich an dieser **Trias für Lösungen von Konflikten mit religiösen Werten / Geboten**. Schulen sind also gut beraten, bei Konflikten mit muslimischen Schüler*innen, die in Lerngruppen oder Schulklassen auftreten, zunächst z. B. die Lehrkraft für islamischen Religionsunterricht zu befragen: „Gibt es in den islamischen Quellen selbst für die Konfliktsituation Ausnahmeregelungen und Dispense?" Wenn dies verneint wird, schließt sich als nächstes die Frage an: „Können wir uns zwischen den Interessen, die muslimische Schüler*innen vertreten und den Schulinteressen einen Ausgleich im Sinne praktischer Konkordanz vorstellen? Wie könnte der aussehen?" Die letzte Frage ist die nach einer Störung des Schulfriedens: „Hindert der Konflikt uns daran, das zu verwirklichen, was staatlicher oder selbstdefinierter Auftrag unserer Schule ist? Worin besteht die Behinderung, und lässt sie sich ausräumen?" Das Gros der Rechtskonflikte lässt sich auf die eine oder andere Weise lösen. Wenn eine Lösung dennoch nicht erkennbar oder erreichbar ist, müssen Handlungsalternativen bis zu Ende, ggf. also bis zum Herstellen von Öffentlichkeit oder einem Rechtsstreit, durchdacht und entschieden werden.

2. Wie soll ich das schaffen?

Multikulturelle Lerngruppen bilden aktuell keine Ausnahme mehr, und **heterogene Gruppenzusammensetzungen** sind nicht selten konfliktträchtig. Viele Lehrkräfte sind für spezifische Kommunikationswege, Konfliktlösungen und Stressbewältigungen weder fortgebildet, noch sind sie generell für soziale Lernprozesse, vielfältige Missverständnisse und religiös begründete Auseinandersetzungen, die ihnen hier begegnen können, speziell geschult worden. Welche **verbindlichen Verabredungen** haben Schulen für diesen Unterricht getroffen? Und wie sind Lehrkräfte auf planmäßigen Unterricht und ad-hoc-Vertretungsstunden in solchen Lerngruppen vorbereitet? Reichen die schon bekannten Qualifikationen aus, eine Klasse anzuleiten und für ein ruhiges Arbeitsklima zu sorgen? Was also muss an Schulen und für Lehrkräfte Selbstverständlichkeit werden, damit sie ihr fachliches und pädagogisches Engagement mit einer Portion **Coping**, also einer Bewältigungsstrategie für schwierige Situationen, verbinden können?

Konflikte in Schulen und ihre Lösungen

Respektloser Umgang untereinander

Wenn zwischen Schüler*innen ein grober, verletzender Umgangston herrscht, kann dies an erzieherischen Fehleinschätzungen auch von Schulen liegen: Vielleicht hatten diese zu großes Vertrauen in Erziehungsleistungen von Eltern.

Ein Miteinander sowie gegenseitiger Respekt in der Schule müssen als offener Prozess verstanden werden, in dessen Verlauf Lehrkräfte und Schüler*innen wie deren Eltern nach immer neuen Wegen suchen, auf Diversität zu antworten. Das ist bereits eine

solide Basis, auch für Coping. Wenn zudem das Eigene nicht über-
betont und **Gemeinsames als vorrangig** betrachtet wird, können
damit Identitätsbildung und Sozialbindungen entscheidend geför-
dert werden. Damit wären zugleich die entscheidenden Voraussetzungen eines staatlich verantworteten Unterrichts geschaffen,
dessen Ziel die Bildung eines reflektierenden kritischen Individu-
ums und seiner Handlungskompetenzen, nicht aber die Heraus-
bildung identitätspolitischer Positionen eines Kollektivs von Muslimen, Christen etc. ist.

Ob es dazu einer **Schulordnung** bedarf oder sonstiger verbind-
licher Verabredungen, entscheiden Schulen nach ihren Möglichkeiten und den schulrechtlichen Vorgaben. An manchen Schulen
haben sich Sozialstunden etwa in Altenheimen bewährt, um Jugendliche zum Nachdenken zu bewegen. Allerdings gilt Bestrafung
als pädagogische Maßnahme zur Charakter- und Wertebildung
heute eher nicht mehr als adäquates Erziehungsmittel, weil Auswirkungen von Bestrafung multipel und unkalkulierbar sind. Wenn
gestraft werden muss, sollten Strafen transparent gemacht werden, berechenbar und nachdrücklich sein, aber ohne moralischen
Impetus angewendet werden. Durch das Verhängen der Strafe
entscheiden sich Lehrkräfte für das letzte Mittel. Wenn die Strafe
vollzogen bzw. abgegolten ist, sollte klar sein, dass der in Rede
stehende Konflikt damit abgeschlossen ist. Das bedeutet nicht, die
Wirkung bzw. den Erfolg der Strafe aus dem Blick zu verlieren.

Verstöße gegen die islamische Morallehre

Eine **Basis für die Berechenbarkeit** muslimischer Schüler*innen
bilden Aussagen über Erziehungsziele im Koran. Islamische Erziehung hat einen erzieherischen *(tarbīya)*, einen Wissen vermit-
telnden *(ta`līm)* und einen Werte bildenden Ansatz *(ta`dīb)*, die
alle Teilbereiche des Tagesablaufs steuern und die Werte Leben,
Glaube, Verstand, Ehre, Ansehen und Vermögen schützen sollen.

Dazu gibt es koranische Verse, die moralisch-ethisches Verhalten ebenso einfordern wie gutes Benehmen:

> *Streit aus dem Weg gehen [25:63]; eigene Fehler und Schwächen eingestehen [53:32]; Fehler anderer verzeihen [24:22]; Ärger und Zorn unterdrücken [3:134]; nichts unterstellen [49:12]; kein falsches Zeugnis ablegen [22:30]; ehrlich bleiben [4:112]; gerecht bleiben [5:8]; nicht beschimpfen und beleidigen [49:11]; nicht schreien [31:19]; nicht gewalttätig sein [16:90]; nicht töten [17:31, 33]; Streit schlichten [49:10]; friedensbereit sein [8:61]; großzügig sein [2:237]; keine Vergeltung üben [42:40]; geduldig ausharren und verzeihen [42:43]; barmherzig sein [90:17]; anstatt Schlechtes Gutes tun [23:96, 41:34]; nicht hoffnungslos werden [12:87]; nicht betrügen [17:35]; keine Unzucht begehen [17:32] u. a. m.*

Würde es etwas bewirken, diese kurzgefasste **islamische Morallehre** mit ihren Eckpunkten Wahrheitsliebe, Selbstlosigkeit, Mut („islamische Courage"), Großzügigkeit, Treue, Gemeinschaftssinn, Ordnungsliebe und Geduld in Klassenräumen zu plakatieren und auf moralische Pflichten muslimischer Schüler*innen zu verweisen? Sollten diese Maßnahmen vielleicht noch verstärkt werden, indem die Schule einen Imam ihres Vertrauens hinzuzieht, der gemeinsam mit der Lehrkraft die islamische Morallehre mit Verhaltensweisen, die die Schule von allen Schüler*innen erwartet, im Unterricht thematisiert?

Um jetzt nicht weitere Religionen, die in Schulen vertreten sind, unter diesen Aspekten durchzudeklinieren, wird an dieser Stelle unter Bezug auf Hans Küngs Begriff des „Weltethos" behauptet: Vergleichbare Morallehren gibt es in allen Religionen.

Unterrichtsstörungen wegen fehlender Grundkenntnisse

Bestandteil von Coping kann es sein, auf Bewährtes zurückzugreifen oder es zu aktivieren. Zum Bewährten gehört ein Kern an Qualifikationen, über die alle Schüler*innen verfügen sollten, ungeachtet von Religion und Herkunft. Wer nicht in ausreichendem Maße darüber verfügt, stört ggf. den Unterricht.

Wenn sich ein Kollegium die **Vermittlung überfachlicher und gesellschaftlicher Qualifikationen** im Unterricht vergegenwärtigt, profitiert die ganze Schule. Sie sind zudem das verbindende Band zwischen Schülergruppen: Unterstützen alle Fächer alle Kinder und Jugendlichen darin, sich unter kultureller Wahrung für ein Leben in der Mehrheitsgesellschaft zu qualifizieren? Wird ein Beitrag geleistet, dass sie eine individuelle und gesellschaftliche Persönlichkeit entwickeln? Lernen alle Schüler*innen ethische Prinzipien, Normen und Regeln kennen? Werden Angebote gemacht, sich konstruktiv mit diesen Werten Normen und Regeln auseinander zu setzen? Hinterfragen alle Fächer Rollenklischees, insbesondere die stereotype Zuweisung von „typisch männlichen" und „typisch weiblichen" Eigenschaften und Verhaltensweisen? Bieten sie Identifikationsangebote für Schülerinnen, die Mädchen und Frauen nicht einseitig auf traditionelle sowie benachteiligende Rollen in Familie, Beruf und Gesellschaft verpflichten, sondern diese als selbstständige, verantwortliche und kreativ handelnde Personen zeigen? Nehmen sie Identifikationsangebote für Schüler auf, die zur Auseinandersetzung mit der Männerrolle in unserer Gesellschaft anregen? Finden Angebote statt, eigene Überzeugungen und Haltungen zu entwickeln? Finden sich hinreichend Angebote zum Aufbau von Sach-, Urteils-, Entscheidungs- und Handlungskompetenz? Ist aller Unterricht gegenüber unkonventionellen Erscheinungen und unkonventionellem Denken sowie auch gegenüber Minderheiten und Randgruppen tolerant? Wird mit Werten anderer Kulturkreise bekannt gemacht? Gibt es substantielle Informationen über andere Religionen, insbesondere den Islam? Werden Grundlagen geschaffen, andere religiöse Überzeugungen zu respektieren? Befähigt der Unterricht, sich mit autoritaristischen Argumentationen kritisch auseinanderzusetzen und darauf zu reagieren? Berücksichtigt er künftige Anforderungen an die Erkenntnis- und Handlungskompetenzen der Kinder und Jugendlichen?

Kollegien sind kompetent, Schwerpunkte zu setzen und diese regelmäßig im Unterricht einzuüben. Aus diesen Qualifikationen ergibt sich das nächste Selbstverständnis von Schulen: Niemand darf in der Schule wegen seines Geschlechts, seiner Religion, seiner Herkunft, seines Sozialstatus (Fachbegriff für Diskriminierung aufgrund sozialer Herkunft: **Klassismus**), seiner Leistungen oder seines Aussehens wegen gemobbt, diskriminiert, verhöhnt, herabgewürdigt oder sonst wie in seinen Persönlichkeitsrechten eingeschränkt werden. Das gilt für alle Schüler*innen gleichermaßen.

Irritationen durch Leben in zwei Kulturen

Kinder und Jugendliche aus anderen Kulturen müssen bei der Identitätsfindung in Schulen und der Gesellschaft **konkurrierende Anerkennungsmodi** synthetisieren, die sich hinsichtlich der kulturellen Codes sowie unterschiedlicher Anforderungen an Rollenverhalten stark unterscheiden (bei Muslimen z. B. **Kollektivismus vs. Individualismus**). Diese divergierenden Erwartungen können bei jungen Menschen, die in einem mehrkulturellen Umfeld aufwachsen und dieses als ablehnend und diskriminierend erleben, zu Störungen des Selbstbildes, einem geringen Selbstwertgefühl und anderen Symptomen einer Identitätskrise führen. Die können sich ggf. auch in Aggressionen gegen Dritte äußern. Anders ausgedrückt: Schulen haben die Aufgabe, Diskriminierungen jedweder Art, auch von einheimischen gegenüber Schüler*innen mit Migrationshintergrund und umgekehrt, in gleicher Weise zu unterbinden. Ein Beispiel ist das Hänseln von Schülerinnen, die das islamische

Kopftuch tragen. Ein anderes, wenn Muslime Mädchen wegen deren legerer Kleidung als Schlampen bezeichnen. Es geht also nicht um „lediglich" auffälliges, sondern verletzendes Verhalten.

Für solches Verhalten müssen Schulen **klare Verabredungen samt Konsequenzen** vereinbaren, wenn Einzelne oder Gruppen das Gut gegenseitigen Respekts systematisch missachten. Integraler Bestandteil von Berechenbarkeit muss auch eine klare Richtschnur sein, die Schüler*innen und Eltern die Entschlossenheit der Schule verdeutlichen, ihre Regeln des Zusammenlebens vergegenwärtigen und Respektlosigkeit, Grenzüberschreitungen und Übergriffe nicht zulassen. Konflikte dieser Art sind keine Konflikte einzelner Lehrkräfte, die diese individuell austragen müssen, sie betreffen die gesamte Schule und sind von daher auch systemisch zu lösen.

Mobben von Lehrerinnen

Das gilt auch für die Diskriminierungsformen, denen sich Lehrerinnen insbesondere von Schülern ausgesetzt sehen. Der Umgang zwischen Geschlechtern braucht Menschen, die in einem gesellschaftlichen Klima sozialisiert wurden, das Empathie, Sensibilität, Respekt und Interesse für das jeweils andere Geschlecht aufbringt. Wo dies nicht der Fall ist, kommt es fast zwangsläufig zu unerwünschten und nicht tolerierbaren Verhaltensweisen. Völlig falsch wäre es, die Herabwürdigung von Frauen durch Jungen und Männer zu übersehen, zu überhören, kleinzureden oder als Pubertätsausdruck abzutun. Oftmals finden solche Diskriminierungen subtil und eben nicht nur in Form verbaler Entgleisungen statt. Aber nicht alle Kinder und Jugendlichen bringen aufgrund ihrer Erziehung, ihres Milieus oder ihrer Religion ein **wertschätzendes Geschlechtsrollenverständnis** mit (Die Erwähnung, dass Schulen auch die Aufgabe haben, dieses zu vermitteln, ist lediglich der political correctness geschuldet). Ganz entschieden und füreinander einstehend müssen sich Lehrkräfte **mit diskriminierten Kolleg*innen solidarisieren** und gemeinsam, auch als Schule, mit allen erzieherischen und schulrechtlichen Mitteln übergriffige Schüler*innen in die Schranken weisen. Keine Frau muss klag- und hilflos hinnehmen, dass sie sich wegen ihres Geschlechts unwohl fühlt. Und keine betroffene Frau sollte schweigen. Denn aus erfolgreichen Bewältigungsversuchen von Belastungen können Betroffene wie Beteiligte neue Kompetenzen aufbauen, die somit Entwicklungsschritte und personale und soziale Ressourcen für das zukünftige Leben darstellen.

Geschichtslücken als Basis von Vorurteilen

Schüler*innen, die den Muslimen in der Klasse „Rückständigkeit ihres Glaubens" vorhalten, haben evtl. Geschichtslücken. Denn vor allem in der Zeit zwischen dem 8. und 13. Jahrhundert war das islamische Weltreich mit seinen reichhaltigen Bildungsstätten (Bagdad, Damaskus, Kairo, Bakara, Kairuan, Cordoba) ein Kulturkreis mit großer Ausstrahlung auf das Abendland. Vor allem auf den Gebieten der Mathematik, Medizin, Pharmazie, Philosophie und den Naturwissenschaften waren islamische Gelehrte die **Anreger und Lehrmeister europäischer Bildung** und ihrer Lehrenden und Lernenden. Bestandteil dieses Denkens waren die Freiheit von Forschung und Lehre, ein Pluralismus der Meinungen, Toleranz gegenüber Andersdenkenden, Freude am Experiment u. a. m.

Dieses änderte sich spätestens mit der Rückgabe Granadas an die „Katholischen Könige". Islamische Staaten leisteten in der Folgezeit lange Widerstand gegen den Buchdruck – hauptsächlich aus religiösen Gründen. Die Vorstellung z. B. eines gedruckten oder gar eines in andere Sprachen übersetzten Koran war bis ins 20. Jahrhundert christlicher Zeitrechnung unter Muslimen nur schwer denkbar. Der Verzicht ging aber über den Koran hinaus und erstreckte sich bis ins 19. Jh. insgesamt auf die Buchdruckerei. Dieser Entschluss gilt Kulturhistorikern als eine der folgenreichsten Fehlentscheidungen der jeweils herrschenden islamischen Eliten, weil sie die Ausbreitung von Bildung und Wissenschaft verhinderte, ihre Fortentwicklung blockierte und den internationalen und interreligiösen Diskurs blockierte. Die Entwicklung in Europa verlief dagegen genau umgekehrt, hier bildeten sich kreative Bildungseinrichtungen mit Denk- und Lehrfreiheiten aus, ihr Antreiber war der Buchdruck, dessen Produkte sich einem internationalen Publikum stellte.

Die heute als „typisch abendländisch" apostrophierte Wissenschafts- und Bildungsorganisation kann mit Rückdatierung auch als „typisch islamisch" bezeichnet werden. Ursachen und Verschiebungen könnten durch Unterricht klargerückt werden.

Irritationen bei der Deutung des Andersseins

Der Teil der Geschichtsforschung, der unter dem Begriff „Mentalitätsgeschichte" nach Spezifika bestimmter Gruppen sucht, rechtfertigt, dass auch an dieser Stelle über **kulturelle Besonderheiten Deutschlands** gesprochen wird. Damit ist nicht gemeint, dass die eine Kultur, etwa die deutsche, einer anderen Kultur, etwa der „orientalischen" oder „islamischen", überlegen ist. Religion und Kultur sind seit dem sog. **cultural turn** (in Deutschland etwa 60er Jahre des 20. Jh.) ein Stück weit austauschbar. Danach können Religionen als bestimmte Typen kultureller Zeichen- und Symbolsysteme aufgefasst werden. Gleichwohl wird immer wieder die Frage nach **religiösen Quellen** bzw. **kulturanthropologischen Anteilen** von Ideen, Bewegungen, Strömungen und damit auch von Verhalten Einzelner gestellt. Für Schulen bedeutet dies, dass sie zunächst nicht nach Deutungsmustern des Andersseins, der Fremdheit, nach Unterschieden in den Verhaltensweisen, sondern nach einem **Verständnis gemeinsamer Werte** bei kulturellen Unterschieden fragen müssen. Zugleich sollten sie aber selbstbewusst diejenigen kulturellen Besonderheiten vertreten und durchsetzen, die sie als schulische und/oder **gesellschaftliche Basics** identifiziert und an denen sich alle in der Schule zu orientieren haben. Teile lassen sich vom Grundgesetz ableiten: die Würde des Menschen, das Recht auf freie Entfaltung der Persönlichkeit, die Gleichstellung von Mann und Frau, das Recht auf religiöse Mitbestimmung, Minderheitenschutz u. a. m. Anderes hat sich herausgebildet, bis zu den manchmal diskreditierten Sekundärtugenden wie Pünktlichkeit, Zuverlässigkeit und Berechenbarkeit. Wieder anderes gehört zum Gen von Schulen, wie etwa, alle Kinder und Jugendlichen ungeachtet persönlicher Merkmale zu fördern, sie wertzuschätzen, ihnen zuzuhören und ihnen beizustehen. Es geht um wenige, aber klar von der Schule zu definierende Werte, die sie leben, einfordern und bei Verstößen auch sanktionieren muss.

Und bei evtl. **Sanktionen** muss sie sich fragen, was jugendliche Provokation, was verfestigte Verhaltensmuster und was gezielte Grenzüberschreitung ist. Die Grenzen mögen fließend sein und auch unterschiedlich wahrgenommen werden. Es mag auch Graubereiche geben, die von den einen als politisch korrekt, von anderen jedoch als anstößig wahrgenommen werden (etwa die Verwendung des Begriffs Neger). Wenn aber Rufe und Begriffe wie „Allahu Akbar", „*kuffār* / Ungläubiger", „Jude" u. a. von Einzelnen in der Schule verwendet werden, ist der Kontext meist gewaltkonnotiert. Für die Verwendung von Begriffen, die **Teil eines Bedrohungsdiskurses** sind, kann es weder Verständnis noch Duldung geben. Schulen sollten deshalb alle Mittel ausschöpfen, Wiederholungen zu verhindern und bei Bedarf die Schulordnung anwenden.

Störungen durch fehlende Unterstützung

Da die Selbstverständlichkeiten, die hier benannt werden, nicht umfassend, sondern lediglich exemplarisch beschrieben werden, soll abschließend auf die Chancen, die **Tutoren** zur Konfliktvermeidung bieten, verwiesen werden. Es gibt Längsschnittstudien, etwa der Martin-Luther-Universität Halle-Wittenberg, die belegen, dass Ali seine Schullaufbahn erfolgreicher beendet hätte, wenn er als Freund seit Kita-Tagen zusätzlich Jens oder Dirk oder Sven und nicht exklusiv Abdullah oder Hamza oder Uthman gehabt hätte. Damit sollen nicht intraethnische oder innerkonfessionelle Freundschaften infrage gestellt werden; vielmehr wird deutlich gemacht, dass der Austausch zwischen Angehörigen unterschiedlicher Kulturen durchweg bereichernd ist und **Störungen des Selbstbildes verhindern** sowie eine gesunde Identitätsbildung trotz konkurrierender Anerkennungsmodi ermöglichen kann. Deshalb sollten Schulen auch **Partnerschaften** zwischen Kindern und Jugendlichen unterschiedler Herkunft, Muttersprache und Religion frühzeitig anbahnen und unterstützen.

Unter systemischer Betrachtung von Schule sollte es selbstverständlich und unverzichtbar sein, dass Lehrerkollegien an entsprechenden Fort- und Weiterbildungsmaßnahmen teilnehmen, in deren Mittelpunkt erfolgreicher Unterricht mit einer multikulturellen, multiethnischen, mehrsprachigen und multireligiösen Schülerschaft steht. Diese Maßnahmen müssen sich an den Erfordernissen und Bedürfnissen von Lehrkräften, die diese im täglichen Unterricht erfahren, orientieren.

Ungeachtet dessen sollten sich Kollegien darauf verständigen, dass alle ihre Beschäftigten **Gleichstellung und Gewaltfreiheit** selbst leben und Wertschätzung, Selbständigkeit und Ichstärkung als zentrale Erziehungsziele realisieren. Alle Lehrkräfte müssen soziales Lernen und Empathie realisieren, Mobbing bekämpfen und so auch als Vorbild dienen. Wenn Lehrer*innen dann noch die Rolle als „Kümmerer" annähmen und sich nicht scheuten, bei Bedarf Hilfe einzuholen, würde ihre Lehrerrolle und damit auch das gesamte Schulklima verändert und gestärkt werden.

3. Wird Deutschland islamisiert?

Damit die Bevölkerungszahl in Deutschland stabil bleibt, ist eine Geburtenrate von 2,1 Kindern pro Frau nötig, bei „bio-deutschen" Frauen liegt sie aktuell jedoch bei 1,4.

Dass die Fertilitätsrate bei Migranten, also nicht nur bei Muslimen, ihre Mortalitätsrate übersteigt und gegenüber der „bio-deutschen" Bevölkerung höher ist, ist hinreichend, z. B. vom Pew Research Center in Washington/USA, publiziert worden. Bekannt ist aus diesen Untersuchungen aber auch, dass mit zunehmendem Wohlstand die Geburtenrate abnimmt. Mehrere islamische Schlüsselstaaten erlebten in den vergangenen zwanzig Jahren einen **dramatischen demografischen Wandel**, der sich als der bedeutendste Langzeittrend im Nahen und Mittleren Osten herausstellen könnte. Europäische Muster machen sich inzwischen im gesamten Mittelmeerraum breit, mit den entsprechenden Folgen für die politische, kulturelle und religiöse Stabilität: Allein in den vergangenen 25 Jahren ist die Geburtenziffer in Algerien von 6,7 auf 1,86, in Tunesien von 4,8 auf 1,73 und in der Türkei von 2,7 auf 1,89 gesunken. Die „muslimische Identität" wird also zunehmend geringer, und bislang kinderreiche (islamische) Gesellschaften legen inzwischen größeren Wert auf die Verbesserung der gegenwärtigen Lebensumstände des Einzelnen. Eine Strategie der Islamisierung ist darin nicht zu erkennen.

Das **Bevölkerungswachstum von Muslimen** in Deutschland sowie deren Prognose für die nächsten 15 Jahre verhalten sich zudem proportional zu denen anderer europäischer Staaten und im Rahmen der demografischen Entwicklung von Gesellschaften. In diese Prognose eingebunden sind ebenfalls die muslimischen Geflüchteten, da sich auch in den Herkunftsländern wie Syrien und Irak die ehemals eher hohe Geburtenzahl aktuell deutlich verringert und den europäischen Fertilitätsraten angenähert hat.

Weitere unstreitige Fakten liefert wiederum das renommierte Pew Research Center: Die Zahl von Muslimen in Europa ist von 29,6 Mio. im Jahr 1990 auf 44,1 Mio. im Jahr 2010 gestiegen, also von 4,1 auf sechs Prozent. Prognosen für 2050 gehen davon aus, dass der Anteil von Muslimen in Europa zwischen 8,4 und 10,2 Prozent ausmachen könnte. Auf Deutschland bezogen hat das Center für 2050 einen muslimischen Bevölkerungsanteil von 9,4 bis zehn Prozent hochgerechnet, die „Flüchtlingswelle" einkalkuliert.

Gleichwohl wird sich der Islam in Deutschland durch Geflüchtete, die dauerhaft hierbleiben werden, wandeln, und zwar eher in eine konservative Richtung. Dadurch verändert sich oftmals schleichend in einigen gesellschaftlichen Segmenten Bekanntes, vielleicht gar Geliebtes, auf jeden Fall Gewohntes. Diese Veränderungen machen die Integrationsbereitschaft von Zuwanderern und Aufnahmegesellschaft nicht leichter.

Zudem wird im Zusammenhang mit der Annahme einer Islamisierung Deutschlands / Europas der **Begriff des „politischen Islam"** angeführt. Für diejenigen, die den Islam nicht als „reine Religion" verstehen, sondern mit ihm ein – wie auch immer im Detail ausgeprägtes – politisches Konzept verfolgen, den Islam also als Richtschnur gesellschaftlichen und politischen Handelns verstehen, wird dieser Begriff verwendet. Nicht zuletzt hat der *Wahhabismus* unter hiesigen jungen Muslimen und die nationalistisch-islamische Politik der türkischen Regierungspartei AKP unter Türkeistämmigen Zulauf, weil solche Ausrichtungen von den deutschen Organisationen des politisch-islamischen Mainstreams durch vielfältige Einflussnahmen auf Politik und Gesellschaft noch immer strategisch unterstützt werden. Dieser **organisierte Mainstreamislam** kooperiert im Zweifel eher mit fundamentalistischen Strömungen wie dem Neo-*Salafismus* als mit liberal-politischen Bewegungen, was die Beobachtung von etwa 90 islamistischen Moscheegemeinden durch Verfassungsschutzbehörden belegt, deren Träger ja Dachverbände sind. Damit steht eine Islamisierung Deutschlands zwar nicht bevor; gleichwohl müssen Politik, Kirchen, Parteien, Verbände, Gewerkschaften, Bildungseinrichtungen und die Zivilgesellschaft verhindern, dass der politische Islam die Toleranz und Offenheit westlicher Gesellschaften für seine Zwecke instrumentalisiert und Muslime an der Integration hindert. Deshalb müssen Kooperationen mit diesen Organisationen beendet werden. Widerstand sollte sich nicht nur in ideologischen Auseinandersetzungen zeigen, sondern vielmehr vorrangig in alltäglicher praktischer Arbeit. Hier geht es um Politikgestaltung – auch für gesellschaftliche Subgruppen –, die sich an jedem Ort und zu jeder Zeit am **Gemeinwohl** und nicht an Partikularinteressen orientiert und dies auch konsequent und mit allen Rechtsmitteln geltend macht. Bei Bedarf sollten sogar Mut und Durchsetzungsvermögen aktiviert werden, um Angriffe auf die Demokratie wehrhaft zu unterbinden.

Konflikte in Schulen und ihre Lösungen

Islamische Paralleljustiz

Von einer Schule ist zu hören, dass sich eine „Schülergang" ihrer Schule mit der einer anderen verabredet und Konflikte mit Gewalt ausgetragen habe. Es handelte sich um Jungen unterschiedlicher islamischer Denominationen. Als die Schule ihre Schüler zur Anzeige bringen wollte, wehrten sich die Jungen mit der Behauptung, sie seien bereits „intern" bestraft worden. Was meinen sie damit?

„Berichte von islamischer Paralleljustiz in Deutschland sind politisch brisant und erwecken Zweifel am Rechtsstaat. Sobald diese Zweifel laut werden, betreffen sie direkt die Polizei. Diese wird mit der Forderung kon-

frontiert, härter durchzugreifen und den Gesetzen des Landes zur Geltung verhelfen zu müssen. Allerdings sehen sich auch Polizisten vereinzelten Phänomenen von parallelem Rechtsverständnis ausgesetzt, denen sie scheinbar hilflos gegenüber stehen (sic!). Straftaten, die außerhalb der deutschen Gerichtsbarkeit durch sogenannte Friedensrichter und mit Geldzahlungen geklärt werden, sind indes keine typische Begleiterscheinung muslimisch geprägter Migranten. In patriarchischen Strukturen und zunehmend innerhalb als Problemvierteln bekannter Stadtteile entwickeln sich jedoch eigene Regeln, die den Rechtsstaat und damit auch die Exekutive aushebeln" (Dorothee Dienstbühl).

„Gegenjustiz" wäre für diese Sachverhalte wohl der präzisere Begriff, denn gemeint ist ein islamisch fundiertes System der Streitschlichtung, das Fälle an sich zieht und entscheidet, die nach rechtsstaatlichen Grundsätzen originär der deutschen Justiz vorbehalten sind. Hierdurch drohen institutionell verfestigte Strukturen, die mit dem deutschen Justizsystem in Konkurrenz oder Konflikt stehen und auch quantitativ ein gewichtiges Maß erreichen können. Die Fälle „islamischer Streitschlichtung" haben vielfach gemein, dass Lösungen für Konflikte nicht auf gerichtlichem Wege gesucht, sondern von **einem islamischen Streitschlichter** entschieden werden. Manchmal geben diese Vertrauenspersonen lediglich telefonisch eine Auskunft, manchmal müssen sie sich zwischen Prügelnde werfen. Hilfe suchen bei islamischen Streitschlichtern vor allem verlassene Ehemänner oder Väter zerstrittener Paare. Oft klagen sie über ihre Frauen oder Töchter. Zudem suchen Muslima Rat, die gegen psychische und physische Gewalt oder die Bindung an die Wohnung aufbegehren.

Ob **Konfliktlösungen von Privatpersonen außerhalb von Offizialdelikten** tatsächlich problematisch sind, bedarf der Einzelfallprüfung. Denn die Rechtsordnung lässt den Bürgerinnen und Bürgern, wo immer es geht, Freiräume zur außergerichtlichen Konfliktbearbeitung und ermutigt sie geradezu zu deren Ausschöpfung. Daher kann die außergerichtliche Konfliktlösung an sich nicht per se als problematisch angesehen werden.

> *„Hier gilt es, rechtsstaatlich Zulässiges von Unvertretbarem zu unterscheiden. Rechtsstaatlich nicht akzeptabel sind folgende Fallgruppen:*
>
> * *Die Regulierung von Konflikten erfolgt unter Einsatz von Zwang (Drohungen, Gewalt), insbesondere um zu verhindern, dass Betroffene Hilfe der Justiz in Anspruch nehmen (Verhinderung von Justiz), um den Ausgang von Verfahren zu beeinflussen oder um zu erzwingen, dass gerichtliche Verfahren enden (Behinderung von Justiz).*
>
> * *Das Ergebnis der Regulierung von Konflikten verlässt den weiten Rahmen des rechtlich Akzeptierten, namentlich indem eine Konfliktlösung einen sittenwidrigen Inhalt hat"* (BMJV).

Der hier beschriebenen Gegenjustiz wird an dieser Stelle nicht weiter nachgegangen, da sie zwar in islamischen Communities verbreitet und zudem Strategiebaustein des politischen Islam ist. Sie ist im Allgemeinen aber eher kein islamisches, sondern vielmehr **ein Milieu und Herkunft bedingtes Phänomen** und wird auch in nicht-islamischen Milieus praktiziert.

Gleichwohl werden in dem letzten Zitat Tatbestände genannt, an denen Schulen sich bei Konflikten wie dem geschilderten orientieren können. Im Zweifel sollten sie örtliche Kontaktpersonen der

Polizei zur islamischen Community um Rat fragen, denn diese haben nicht die Aufgabe der Strafverfolgung.

Verstoß gegen die staatliche Neutralitätspflicht

Schulen berichten, dass ihre Schulleitungen unter Hinweis, „die Islamisierung Deutschlands zu stoppen", von Elternseite aufgefordert würden, das Kreuz als „Symbol christlich-abendländischer Kultur" in Klassenräumen anzubringen.

Zu dieser Frage sind in der Vergangenheit grundlegende Entscheidungen oberster Gerichte ergangen. So hat das Bundesverfassungsgericht bereits am 16.Mai 1995 – 1 BvR 1087/91 – folgende Begründungen für sein Verbot, Kruzifixe in Klassenräumen staatlicher Schulen anzubringen, genannt und einen Verstoß gegen Art. 4 Abs. 1 GG festgestellt:

„Das Kreuz ist Symbol einer bestimmten religiösen Überzeugung und nicht etwa nur Ausdruck der vom Christentum mitgeprägten abendländischen Kultur. Zwar sind über die Jahrhunderte zahlreiche christliche Traditionen in die allgemeinen kulturellen Grundlagen der Gesellschaft eingegangen, denen sich auch Gegner des Christentums und Kritiker seines historischen Erbes nicht entziehen können. Von diesen müssen aber die spezifischen Glaubensinhalte der christlichen Religion oder gar einer bestimmten christlichen Konfession einschließlich ihrer rituellen Vergegenwärtigung und symbolischen Darstellung unterschieden werden. Ein staatliches Bekenntnis zu diesen Glaubensinhalten, dem auch Dritte bei Kontakten mit dem Staat ausgesetzt werden, berührt die Religionsfreiheit [...]. Das Kreuz gehört nach wie vor zu den spezifischen Glaubenssymbolen des Christentums. Es ist geradezu

sein Glaubenssymbol schlechthin. Es versinnbildlicht die im Opfertod Christi vollzogene Erlösung des Menschen von der Erbschuld, zugleich aber auch den Sieg Christi über Satan und Tod und seine Herrschaft über die Welt, Leiden und Triumph in einem […]. Für den gläubigen Christen ist es deswegen in vielfacher Weise Gegenstand der Verehrung und der Frömmigkeitsübung. Die Ausstattung eines Gebäudes oder eines Raums mit einem Kreuz wird bis heute als gesteigertes Bekenntnis des Besitzers zum christlichen Glauben verstanden. Für den Nichtchristen oder den Atheisten wird das Kreuz gerade wegen der Bedeutung, die ihm das Christentum beilegt und die es in der Geschichte gehabt hat, zum sinnbildlichen Ausdruck bestimmter Glaubensüberzeugungen und zum Symbol ihrer missionarischen Ausbreitung. Es wäre eine dem Selbstverständnis des Christentums und der christlichen Kirchen zuwiderlaufende Profanisierung des Kreuzes, wenn man es, wie in den angegriffenen Entscheidungen, als bloßen Ausdruck abendländischer Tradition oder als kultisches Zeichen ohne spezifischen Glaubensbezug ansehen wollte […].“

In die gleiche Richtung zielte die Entscheidung des Europäischen Gerichtshofs für Menschenrechte (EGMR) vom 3. November 2009 – Case of Lautsi and Others vs. Italy – 30814/06 –. Dieses Urteil wurde allerdings am 18. März 2011 – 30814/06 – von der Großen Kammer des EGMR aufgehoben, da das Anbringen des Kruzifixes keinen Verstoß gegen die Europäische Menschenrechtskonvention (EMRK) darstelle. Kreuze in Klassenzimmern verstießen nicht gegen die Religionsfreiheit. Es lasse sich nicht beweisen, dass ein Kruzifix an der Wand Einfluss auf Schüler*innen habe, auch wenn es in erster Linie ein religiöses Symbol sei.

Wie lösen Schulleitungen bei entsprechenden Forderungen diesen Widerspruch auf? Lösungsmuster für solche Rechtskonflikte müssten die Zukunft antizipieren. Die **Tendenz** der Rechtsprechung in Deutschland scheint in **Richtung Neutralität** zu gehen: Der Staat und seine Behörden können sich nicht selbst auf Religionsfreiheit oder eine bestimmte Weltanschauung berufen (hier also die christliche), da sie selbst weder einer Religion angehören, noch Grundrechte für sich in Anspruch nehmen können. Im Zweifel sollten Schulen diese Frage der Schulaufsicht zur Entscheidung vorlegen. Dabei ist zu vermuten, dass die je nach Bundesland unterschiedlich ausfallen wird.

Verstoß gegen den Dresscode

In einer Klasse kann es rumoren, weil Schüler*innen von einer muslimischen Mitschülerin fordern, sie solle sich „endlich an die Regeln halten, die in Deutschland herrschten" und nicht ständig wegen ihrer Religion Sonderwünsche anmelden. Hintergrund sind anstehende Schülerbetriebspraktika und die Diskussion über Dresscodes, von denen die Muslima aber nichts wissen will.

Schülerbetriebspraktika verfolgen das Ziel, dass sich Schüler*innen über einen begrenzten Zeitraum praxisorientiert mit ihren Fähigkeiten und Interessen und betrieblichen Anforderungen auseinandersetzen. Dabei können sie auf Unternehmen wie Banken oder Krankenhäuser stoßen, die ihrem Personal laut Arbeitsvertrag oder Dienstvereinbarung einen Dresscode vorschreiben. Die Kleidung bestimmt zwar grundsätzlich der Arbeitnehmer aufgrund des im Grundgesetz geschützten **Persönlichkeitsrechts** selbst. Arbeitgeber dürfen aber u. a. aus **Arbeitssicherheits- oder Hygienegründen** Vorschriften machen. Bei Dresscodes gilt: Personal mit Kundenkontakt ist gemeinhin verpflichtet, den Vorgaben des Arbeitgebers Folge zu leisten und z. B. einheitliche Firmenkleidung zu tragen (z. B. zur Verfügung gestellte Dienstkleidung bei der Deutschen Bahn). Oder eine Klinik kann etwa festlegen, dass ihr Personal unter weißer Oberbekleidung auch weiße Unterwäsche trägt. Allerdings kann das Tragen religiöser Symbole wie das „islamische Kopftuch" nur in begründeten Einzelfällen durch Dresscodes eingeschränkt werden. Die Apotheke etwa, in der die muslimische Schülerin ihr Praktikum absolvieren will, wird ihr das Tragen des Kopftuchs kaum rechtswirksam untersagen können.

Die Schule sollte sich bei Praktikumsbetrieben nach Dresscodes erkundigen und diese sowie deren Grenzen mit ihren Schüler*innen und den Betrieben kommunizieren.

4. Der organisierte Mainstreamislam

Der Islam ist weltweit und in Deutschland **nicht hierarchisch organisiert**, d. h. es gibt im Islam nicht, wie z. B. in der katholischen Kirche mit dem Vatikan und dem Papst als Oberhaupt, eine Zentrale, die ihre Anweisungen von oben nach unten dekretiert. Gleichwohl gilt die al-Azhar-Universität in Kairo als islamische wissenschaftliche Institution von internationalem Rang, die zu bestimmten Fragen, etwa der von Koranausgaben, letztinstanzliche Autorität beansprucht.

Dem Islam ist auch eine **mitgliedschaftliche Organisation** fremd. Der geringe Organisationsgrad von Muslimen in Vereinen und Verbänden sagt jedoch wenig über ihren tatsächlichen gesellschaftlichen und politischen Einfluss aus. Der hängt nicht zuletzt auch davon ab, wer sich dem Staat und seinen Behörden als Partner anbietet, und das sind im Kern die Dachverbände. Infolge der Immigration seit den 50er Jahren bildeten sich in Deutschland Moschee- und Kulturvereine. Diese Vereine hatten und haben vorwiegend ethnischen oder Landesbezug. Später, in den 1970er und 80er Jahren, schlossen sie sich zu überregionalen sog. „Dachverbänden" zusammen.

Unter den ca. 70 – 80 islamischen Strömungen, Richtungen und Organisationen in Deutschland sind die in der Öffentlichkeit bekanntesten vier sunnitisch geprägten Dachverbände die Türkisch-Islamische Union der Anstalt für Religion (**DİTİB**), der Zentralrat der Muslime in Deutschland (**ZMD**), der Islamrat (**IR**) und der Verband der Islamischen Kulturzentren (**VIKZ**).

Diese vier Dachverbände haben sich 2007 zum **Koordinierungsrat der Muslime** (KRM) zusammengeschlossen. Sie unterhalten Moscheen, bilden Imame aus, stellen sie an und bezahlen sie. Bestattungswesen, Krankenhaus- und Gefängnisseelsorge, Sozialarbeit, Jugendarbeit, Frauenarbeit, Wallfahrten, Familien- und Sozialberatung sind einige ihrer **religiösen Aufgaben**.

Das gesellschaftliche Dilemma des durch die islamischen Dachverbände vertretenen sehr **konservativen Islam** liegt darin, nicht den religionspolitischen Mut aufzubringen, sich selbst und den europäischen Muslimen klarzumachen, dass sie nicht automatisch zwischen dem Glauben ihrer Väter und der Vernunft zu wählen haben. Dieses führt innerhalb und gegenüber der islamischen Community zu Friktionen. Allein deshalb wären die islamischen Dachverbände gut beraten, sich mit den geistigen Strömungen unserer Zeit zu verbinden und Widersprüche des islamischen Rechts *fiqh* sowie der *šarīʿa* zur deutschen bzw. europäischen Rechtsordnung aufzuzeigen und für die Lebenspraxis der Gläubigen zu harmonisieren. Denn ihre Funktionäre sind nicht nur dem Islam, sondern auch der Freiheit verpflichtet, gerade auch, um den zahlreichen muslimischen Geflüchteten Orientierung und Sicherheit für ein Leben in Deutschland zu geben. Mit einem **Verzicht ihres Mainstreams** sowie des **türkischen Staatsislam** würden die Dachverbände auch einen wichtigen Beitrag dazu leisten, den Islam in Deutschland als Minderheitenreligion von breiterer gesellschaftlicher Akzeptanz getragen zu etablieren und dem Vorwurf der Rückständigkeit durch eine Modernisierungsoffensive zu begegnen. Allein zwei Fakten sollten ausreichen, die „Tore des *idschtihād*", der Erneuerung, wieder zu öffnen und Reformprozesse anzustoßen: die geringe Zahl der in der Forschung aktiven islamischen Wissenschaftler sowie der geringe Anteil an der weltweiten Buchproduktion.

Konflikte in Schulen und ihre Lösungen

Auskünfte gegenüber Dritten an Elternsprechtagen

Eltern haben ein Recht auf Beratung und Unterrichtung in allen unterrichtlichen und erzieherischen Angelegenheiten wie Leistungsstand, Bewertungsmaßstäbe, Wahl der Schullaufbahn und Berufswahl. Die Schule ist verpflichtet, Eltern über alle für das Schulleben wesentlichen Fragen zu informieren. Diesem Ziel dienen Elternsprechstunden, Elternsprechtage, Elternabende sowie individuelle Elterngespräche. Eltern volljähriger Schüler*innen werden entsprechend den Schulgesetzen der Länder zudem anlassbezogen unterrichtet. Schließlich haben Eltern ein Recht auf Einsichtnahme in die ihr Kind betreffenden Unterlagen.

Wenn Schüler*innen eine allgemeinbildende Schule besuchen, jedoch nicht zu Hause, sondern z. B. in einem Wohnheim des VIKZ leben, kann die Frage auftauchen, wem gegenüber die Schule eine **Informations- und Beratungspflicht** hat, den Eltern und/oder auch Vertretern des VIKZ. Denn es geht um Fragen, die auch dem Datenschutz unterliegen: Interessen, Stärken und Schwächen, Leistungsstände, Sozialverhalten, Verhaltensauffälligkeiten, Zuverlässigkeit u. a. m. des Kindes.

Letztlich geht es hier um die Frage, ob die Teilnahme an Elternsprechtagen auf die Eltern einzugrenzen ist oder auch Dritten für diese Situation die gesetzlichen Rechte und Pflichten eines Elternteils zuzugestehen sind. Denn grundsätzlich gilt, dass Personen, die nicht Eltern im Sinne des Schulrechts sind, kein Recht haben, an dem Gespräch beim Elternsprechtag teilzunehmen, es sei denn, Eltern stimmen der Teilnahme Dritter ausdrücklich zu. Und in dem von Schulen geschilderten Fall kann die Teilnahme von Betreuungspersonal des VIKZ an Sprechstunden ggf. positiv die Entwicklung des Kindes beeinflussen und im Kindeswohl sein.

Die Schule müsste bei Auskünften gegenüber Dritten jedoch vorher die Zustimmung der Eltern einholen und sich diese möglichst schriftlich bestätigen lassen.

Sponsoring bei Schulfesten durch Dachverbände

Muslimische Schüler*innen einer Kleinstadt, in der die einzige Moschee in der Trägerschaft des ZMD liegt, regen eine Win-win-Situation an: Der ZMD suche Mitglieder, und dazu eigne sich ein Infostand auf dem bevorstehenden Schulfest gut, und im Gegenzug solle der ZMD die Schule bei der Hardwareerneuerung finanziell unterstützen.

Diese Zuwendung ist als Sponsoring zu werten, das für die Schule Chance und Herausforderung zugleich ist. Es ermöglicht, ihre Handlungsspielräume und ihre Selbstständigkeit zu erweitern, pädagogisches Profil zu schärfen und besondere Projekte wie die Erneuerung von Hardware zu realisieren.

Die Schulgesetze einiger Länder der Bundesrepublik Deutschland enthalten Regelungen zum Sponsoring, manche Länder bieten zudem eine Handreichung dazu an. Die Schulleitungen sind jedoch verpflichtet sicherzustellen, dass im Zusammenhang mit der Gewinnung von Drittmitteln durch Sponsoring – hier kann es sich neben finanziellen auch um sächliche oder dienstleistende Zuwendungen handeln – die Mittelgeber auf Konzepte und Inhalte schulischer Bildung keinen Einfluss nehmen.

Sponsoring in Schulen ist eine Ausprägungsform von Kooperationen mit außerschulischen Partnern, die idealerweise in längerfristige Partnerschaften mit der Schule münden. Sponsoring geht über die reine Unterstützung einer Schule in Form von Spenden hinaus, da es sich um ein Vertragsverhältnis zwischen der Schule und dem jeweiligen Sponsoring-Partner handelt, das auf dem Prinzip von Leistung und Gegenleistung beruht. Der Werbezweck darf jedoch nicht im Vordergrund stehen, da Werbung in der Schule verboten ist.

Mithin sollte die Schule in dem genannten Beispiel der Empfehlung der Schüler*innen eher nicht nachkommen, sondern versuchen, andere Sponsoren zu gewinnen.

Schulpartnerschaft mit einer Gülen-Schule

Lange, bevor die Debatte um türkische Gymnasien in Deutschland und der Konflikt zwischen der Regierung der Türkei und der Gülen-Bewegung losgetreten wurde, hatte diese Bewegung Privatschulen aufgebaut. Rund 90 Prozent der Schüler*innen an diesen Schulen haben eine türkische Herkunft. Sie betreibt weltweit in rund 120 Ländern Schulen und Kulturzentren, zudem werden ihr Wirtschaftsunternehmen mit einem jährlichen Umsatz von ca. 30 Mrd. US-Dollar zugerechnet. In Deutschland wecken Schulen unterschiedlicher Schulformen in Gülen-Trägerschaft Neugier und Interesse an ihren pädagogischen Konzepten.

Falls sich allgemeinbildende oder auch Schulen in anderer Trägerschaft in Deutschland für eine Schulpartnerschaft mit einer Gülen-Schule – in Deutschland oder andernorts – interessieren, sollten sie sich möglichst nicht zu dem Konflikt zwischen der Republik Türkei und der Gülen-Bewegung positionieren. Allerdings bedeutet ein öffentliches Interesse an einer Schulpartnerschaft dennoch, dass diese Schule in den Fokus der türkischen Geheimdienste kommt, weshalb sie zumindest eine Schulpartnerschaft mit einer Gülen-Schule in der Türkei ausschließen sollte. Als Alternative könnte ein Schulbesuch einer Gülen-Schule in Deutschland als vielleicht erster Schritt überlegt werden. Allerdings sollten in jedem Falle Vor- und Nachteile abgewogen und ggf. anlässlich von Direktorentreffs mit Kolleg*innen anderer Schulen besprochen werden.

Unterrichtsbefreiung für Bildungsangebote von Dachverbänden
Die DİTİB-Jugend eines Bezirks lädt Jugendliche ab 16 Jahren für vier Tage, davon zwei Schultage, zu einem Workshop über interreligiösen Dialog ein. Den Teilnehmer*innen entstünden keine Kosten.

Schulen haben u. a. den Auftrag, Schüler*innen zu selbständigem Urteil und sozialem Verständnis anzuleiten, sich dem politischen und weltanschaulichen Denken anderer gegenüber zu öffnen und in Freiheits- und Friedensliebe an den gemeinsamen Aufgaben der Menschheit mitzuwirken. Ein Mittel dafür geht über den Unterricht hinaus. Kostenlose politische Bildungsangebote Dritter für Kinder und Jugendliche in Form von Exkursionen, Workshops, Thementagen usw. Anbieter und Themen hierfür sind vielfältig: die Kirchen, politische Parteien, Stiftungen, Umwelt- und Verbraucherorganisationen u. a. m. Die Anbieter eint, dass sie mit politischen Bildungsangeboten das **gesellschaftliche Engagement junger Menschen** nach ihrem Verständnis stärken wollen.

Für Unterrichtsbefreiungen müssen wichtige Gründe vorliegen, die die betroffenen Schüler*innen in einem Antrag begründen müssen, und die Teilnahme an politischen Bildungsangeboten kann ein solcher wichtiger Grund sein.

Bei DİTİB sind jedoch erhebliche Bedenken angebracht, da dieser Dachverband die Politik eines ausländischen Staates, der Republik Türkei, betreibt und zudem nach Einschätzung deutscher und europäischer Politiker und Wissenschaftler derzeit Ansprüchen an Rechtsstaatlichkeit und Demokratie nicht genügt und sich immer weiter von europäischen Werten entfernt. Mit ihren zahlreichen sehr fragwürdigen Aktionen hat DİTİB sich als Gesprächspartner desavouiert, zumal sie sogar Kinder für ihre türkisch-nationalistische Politik benutzt.

Geeignete islamische Ansprechpartner für Schulen finden

Für viele Schulen ist es ein Problem, einen Ansprechpartner bei islamischen Organisationen für Fragen zum Themenfeld Islam-Schule zu finden. Die Zunahme politischer Reaktionen auf „den" Islam und gegen „die" Muslime", die sich beispielhaft in den sozialen Netzwerken, bei Demonstrationen von Pegida und ihren lokalen Ablegern sowie im Parteiprogramm der AfD zeigt, droht die Gesellschaft zu spalten und den Islam in Westeuropa / Deutschland dauerhaft zu diskreditieren. Ein „Weiter so" ist deshalb weder eine Option der islamischen Dachverbände noch der deutschen Politik, für die die Dachverbände immer noch prioritäre Ansprechpartner sind.

Das sollten sie für Schulen jedoch auf keinen Fall sein, wenn Lehrkräfte die Aufgabe ernstnehmen wollen, das Islambild in den Köpfen vieler zu differenzieren. Dagegen sind die positiven Signale, die von spezifischen **Zielgruppen der muslimischen Minderheit** ausgehen, hoch zu bewerten. Sie können und sollten Ansprechpartner von Schulen sein: Unternehmer, Intellektuelle, Studenten, Frauen, Jugendliche. Beispiele dafür sind „MÜSIAD Berlin – Verband Unabhängiger Industrieller und Unternehmer", die „Gesellschaft Muslimischer Sozial- und Geisteswissenschaftler" (GMSG), das „Zentrum Islamische Frauenforschung" (ZIF), das kleine, aber intellektuell bedeutsame „HUDA Netzwerk Muslimischer Frauen" sowie das „Muslimische Forum Deutschland", in dem sich liberale deutsche Muslime organisiert haben. Mit ähnlicher Ausrichtung agieren auch einige regionale und überregionale Vereinigungen wie der „KDDM – Kreis der Düsseldorfer Muslime" und die „MTO – Maktab Targhat Oveyssi Shahmaghsoudi – School of Islamic Sufism e. V.". Beide führen offene Dialoge und pflegen regelmäßige und z. T. intensive Kontakte zur Mehrheitsbevölkerung. Ihr Führungspersonal besteht nicht selten aus Migrant*innen der zweiten bis vierten Generation, engagiert, offen, politisch aktiv und mit einem klaren Bekenntnis zu Menschenrechten, dem Grundgesetz und zum Zusammenhalt der Gesellschaft in Deutschland. Der örtliche Kontaktbeamte der Polizei zur muslimischen Community tauscht sicherlich seine Erkenntnisse und Personaleinschätzungen mit Schulen aus.

5. Wie leben muslimische Familien?

Seit über drei Jahrzehnten erforscht das Heidelberger SINUS-Institut für Markt- und Sozialforschung den **Wertewandel** und die **Lebenswelten** der Menschen. Daraus entstanden sind die Sinus-Milieus, eines der bekanntesten und einflussreichsten **Instrumente für die Zielgruppen-Segmentation**. Als wissenschaftlich fundiertes Modell spiegeln die SINUS-Milieus gesellschaftliche Veränderungen wider. Ihr Ziel ist die Bereitstellung eines leistungsfähigen, praxisnahen Instrumentariums für viele Anwendungsbereiche, z. B. als Basis für Stadtentwicklung, Lebensraum- und Politikgestaltung oder für die Personalentwicklung von Unternehmen.

Die SINUS-Studien untersuchen die **soziale Lage von Menschen** (Schulabschluss, familiäre Situation, Einkommen etc.), ihre **Grundorientierungen** (von traditionell über modern bis experimentell), ihre **Lebensstile** (Wohnung, Kleidung, Medienkonsum, bevorzugte Fernsehsender, Freizeitverhalten etc.) bis hin zu sozialen **Kontakten** (Freundeskreis, Vereine, Religion), Zielen und Wünschen.

Die Milieus gibt es wirklich, ihre Ergebnisse werden durch andere Studien bestätigt:

- Die Defizit- wie die Integrationsfrage sind mit Blick auf Migranten wie Muslime unzulässige Engführungen eines komplexen Sachverhalts.

- Die Lebenswelten unter den Migranten und damit auch unter den Muslimen klaffen in Deutschland immer stärker auseinander.

- Besonders kapseln sich unter den Muslimen traditionelle Milieus und überwiegend Menschen mit einem niedrigen Sozialstatus ab. Sie lehnen einen Aufstieg durch Teilhabe an der hiesigen Gesellschaft teilweise sowie den westlichen Lebensstil ab und ziehen sich in das eigene ethnische bzw. religiöse Umfeld zurück.

- Migranten und Muslime der modernen Mitte sehen sich hingegen als selbstverständlichen Teil der Gesellschaft und nehmen sich gar nicht als Migranten oder mit ihrem Religionsmerkmal wahr. Gerade jüngere Einwanderer oder Einwandererkinder beschäftigten sich mit der Integrationsdebatte nicht mehr.

- Die Migranten-Milieus unterscheiden sich dabei weniger nach ethnischer Herkunft als nach ihren Wertvorstellungen, Lebensstilen und ästhetischen Vorlieben.

- In den modernen Milieus der Migrantenpopulation herrscht Konvergenz: Die autochthone und migrantische einschließlich muslimischer Bevölkerung unterscheiden sich lebensweltlich nicht mehr voneinander.

- Menschen gleicher Ethnie (und Religion), aber unterschiedlicher Milieus, haben wenig oder kaum Kontakte untereinander, sie leben gewissermaßen in unterschiedlichen Welten.

- Menschen des gleichen Milieus verbindet trotz ggf. unterschiedlicher Religion mehr miteinander als mit dem Rest der Menschen aus anderen Milieus.

Die SINUS-Studien haben im medialen und wissenschaftlichen Diskurs viel Beachtung erfahren, ihre Forscher resümieren:

- *„Der Einfluss religiöser Traditionen bei den Migranten wird oft überschätzt.*

- *In der Migrantenpopulation ist die Bereitschaft zur Leistung und der Wille zum gesellschaftlichen Aufstieg deutlich stärker ausgeprägt als in der autochthonen deutschen Bevölkerung.*

- *Die Anpassungsleistung der Migranten und der Stand ihrer Etablierung in der Mitte der Gesellschaft werden unterschätzt.*

- *Integrationsdefizite finden sich am ehesten in den unterschichtigen Milieus, nicht anders als in der autochthonen deutschen Bevölkerung (Bernd Hallenberg 2017)."*

Konflikte in Schulen und ihre Lösungen

Einflussnahme auf die Schulwahl

Jede Lehrkraft an Grundschulen kennt die Situation: Sie unterrichtet Kinder mit Migrationshintergrund, von denen einige gute bis sehr gute Schulnoten haben. Dennoch breiten sich bei ihr Bauchschmerzen aus, denn sie kennt auch empirische Untersuchungen, denen zufolge sich bei vielen Migrantenfamilien in Deutschland ihr **Aspirationsniveau** von der Realität abgekoppelt hat. Sie liest, dass diese Familien im Durchschnitt über weniger **bildungsrelevante Ressourcen** verfügen als nicht zugewanderte Familien und zudem selten Deutsch sprechen. Sie zweifelt evtl. außerdem an ausgeprägten Stützfunktionen wie Durchhaltevermögen, Frustrationstoleranz bei Versagen und Kontinuität. Außerdem fragt sie sich, ob das Kind einen eigenen kleinen Arbeitsplatz in der Wohnung hat, ausgestattet mit PC und Büchern, an dem es Ruhe beim Lernen hat. Nun befürchtet sie, dass ihre Schüler*innen und deren Familien trotz wirklich guter schulischer Leistungen hier Defizite aufweisen und zögert, den Wunsch nach einem Wechsel zum Gymnasium zu unterstützen.

Die Lehrkraft sollte zunächst Gespräche mit den Eltern führen und sich erkundigen, ob ihre Befürchtungen zutreffen. Danach wäre ein Gespräch mit der Kollegin hilfreich, die die Unterstufe der aufnehmenden Schule koordiniert, um Erfahrungen auszutauschen und frühzeitig mögliche Fördermaßnahmen zu initiieren.

Bewerbungshindernis Religionsmerkmal

Studien der letzten Jahre der Universitäten Konstanz, Duisburg-Essen und Linz (Österreich) zeigen im Hinblick auf die Ausbildungs- und Arbeitsplatzsuche junger Menschen mit Migrationshintergrund folgende Ergebnisse: Bewerber*innen mit „ausländischem" Namen haben – trotz gleicher oder gar besserer nachweisbarer Leistungen und der deutschen bzw. österreichischen Staatsangehörigkeit – deutlich geringere Chancen als Einheimische, den gewünschten Ausbildungs- und Arbeitsplatz zu erhalten. Frauen, von denen aufgrund des Namens vermutet werden kann, dass sie Muslima sind, haben noch einmal schlechtere Chancen. Schließlich hatten Muslima, die ihrer Bewerbung ein Passfoto beifügten, das sie mit Kopftuch zeigen, kaum Aussichten auf die angestrebte Stelle. Insgesamt erhielten nur wenige Bewerber*innen Zusagen, und schriftliche oder telefonische Ablehnungen wurden bei Menschen mit „fremd" klingendem Namen in noch größerer Anzahl einfach ignoriert.

Die Studien zeigen: Das Potenzial von Arbeitnehmer*innen mit Migrationshintergrund wird nicht genügend ausgeschöpft. Damit kommen Aufgaben auf Schulen zu, die sie nicht nur im Rahmen der Betriebspraktika konzeptionell bearbeiten sollten. Dabei geht es darum, zu vermitteln, dass Bewerbungen den Adressaten neugierig machen müssen, dass besondere Fähigkeiten und Kenntnisse sowie soziales Engagement erwähnt werden müssen, dass Fehlerfreiheit und PC-Kenntnisse zwingend sind u. a. m. Die Bewerber*innen müssen deutlich machen, dass sie die **Antwort auf den Fachkräftemangel** sind. Zudem müssen Lehrkräfte die Ergebnisse der Studien und den Umgang mit Absagen antizipieren und daraus gemeinsam mit ihren Schüler*innen Gegenstrategien entwickeln. Oftmals hat es sich als wirksam erwiesen, wenn regional Ausbildungsbörsen in Kooperation von Schulen und Betrieben durchgeführt werden.

Sprachliche Fettnäpfchen

Der Islam ist eine **Offenbarungsreligion**, eine **monotheistische Religion**, die Gläubigen glauben an einen Gott (*Allāh*), und er ist eine Religion der **Orthopraxie.**

Als Alleinstellungsmerkmale im Islam gelten besonders der Freitag als Tag des Gebets, die Feiertage, die heiligen Orte, rituelle Gegenstände sowie die Zeitrechnung, also der sog. **islamische Kalender**. Seine Zeitrechnung beginnt mit dem Auszug Mohammeds und seiner Gefährten aus Mekka am 16. Juli 622 n. Chr., der sog. *hiǧra / hidschra*. Ohne auf die verschiedenen islamischen Kalender näher einzugehen, hier so viel: Ihnen zugrunde liegt ein Mondkalender, ihre Kalenderjahre bestehen aus 12 Mondmonaten zu 29 oder 30 Tagen und sind im Durchschnitt etwa 354 1/3 Tage lang, also etwa elf Tage kürzer als die 365 1/4 Tage langen Sonnenjahre der christlichen Zeitrechnung.

Menschen, die sich zum Islam bekennen, werden **Muslime**, heute eher seltener Moslems, genannt, die weibliche Form im Singular und Plural ist **Muslima**. Falsch ist die Bezeichnung „Mohammedaner", denn Muslime glauben an *Allāh* und nicht an Mohammed, der zwar Prophet, aber eben Mensch war.

„Islamisch" betrifft, die Religion, die Gemeinschaft der Gläubigen, das Rechtssystem der *šarī'a*, bestimmte Kunstrichtungen und -einrichtungen sowie die oben skizzierte Zeitrechnung. „Islamisch" ist also der abstrakte Begriff der Zuordnung zu eben dieser Religion, während das Wort **muslimisch** sich auf die konkrete Ausübung der Religion durch Gläubige bezieht.

Als **islamistisch** wird der Gebrauch des Islam für politische Ziele im Sinne einer göttlichen Ordnung bezeichnet, der sich Gesellschaft und Staat unterzuordnen haben. Die Staatsform ist eine **Theokratie** wie Saudi-Arabien und der Iran. Staaten mit mehrheitlich muslimischer Bevölkerung sind dagegen **islamisch geprägte Staaten**.

Muslime und der Islam verwenden nicht den Begriff der Theologie, wenn es um die Lehre von Gott geht. Zwar ist der Islam im engen Sinne **keine Gesetzes- / Rechtsreligion** wie etwa das Judentum. Gleichwohl bestimmt das *fiqh* als islamische Rechtswissenschaft alles, was mit religiösen Normen, den Geboten und Verboten *Allāhs*, den moralischen und kultischen Vorschriften, dem Erben und dem religiösen Verhalten von Muslimen zusammenhängt.

6. Grundlagen des Islam

So wie das Juden- und Christentum stützt sich auch der Islam auf zwei „heilige Quellen": den Koran sowie die Tradition (Synonyma: *sunna* oder *hadîthe* oder Überlieferung). Hinzugezogen wird zudem die *sīra*, die von *Ibn Ishāk* überarbeitete Biographie von *Ibn Hischām* über Mohammed. Zudem gibt es in der Glaubensarchitektur des Islam weitere Bausteine, u. a. die ´*ílmihals* und *fatwās*. Sie sind keine Bestandteile des islamischen Rechts *figh* und keine eigenen Quellen, sondern Versuche, Koran und *sunna* im Hinblick auf Alltagsfragen anzuwenden und die Gläubigen rechtzuleiten. Insofern sind sie im täglichen Leben für Muslime bedeutsamer als der Koran selbst.

6.1 Die **114 Suren** (Abschnitte) des Koran sind in 6.206 bzw. je nach Zählweise in **6.348 Verse** eingeteilt. Die Suren sind der Länge nach absteigend geordnet. Sie tragen alle eine Bezeichnung. So ist etwa Sure 4 mit „Die Frauen", Sure 40 mit „Der Gläubige" und Sure 76 mit „Der Mensch" überschrieben. Allein bestimmte andere Surenüberschriften wie z. B. „Der Elephant" oder „Die Höhen" deuten darauf hin, dass unter den Überschriften nicht abschließende thematische Abhandlungen subsumiert werden. So findet man etwa über Sure 4 hinaus zahlreiche Aussagen über Frauen in anderen Suren. Zugleich machen die Beispiele deutlich, dass der Koran nicht „gelesen" werden kann, er ist ein sprachlich und inhaltlich hochkomplexer Text mit lediglich geringen Anteilen an Geschichten.

Es gibt im Koran **keine chronologische und kaum eine thematische Ordnung**, oft auch nicht innerhalb der Suren, dafür viele Wiederholungen. 225-500 Koranverse gelten als durch spätere „aufgehoben", **abrogiert**.

6.2 Eine weitere Quelle des Islam ist „die heilige **Lebensart seines Propheten** Mohammeds" (arab. *„al-sunna al-mutahhara"*). Die Tradition oder *sunna* ist die zweite Offenbarungsquelle neben dem Koran. Sie besteht aus Sammlungen von Texten, die oft in erzählender Form geschrieben sind und versammelt Aussprüche, Anordnungen und Handlungen des Propheten, deren Überlieferung auf seine Gefährten (*şahâba*) zurückgeführt wird, sog. *hadîthe.*

Inhaltlich geht es in der *sunna* vor allem um die Traditionen, die Muslime befolgen sollen. Muslime sollen sich also in allem an Mohammed orientieren und ihm in der Lebensweise nachfolgen. Tradition meint hier die religiöse Tradition, nicht die kulturelle („Bei uns in Anatolien..."), was viele Muslime aber nicht oder kaum auseinanderhalten können.

Der Islam unterscheidet in der rechtlichen Wirksamkeit „schwache" von „starken" *hadîthen.* Starke *hadîthe* sind Überlieferungen, die mehrere Quellen als authentisch belegen. Bereits im 9. Jahrhundert christlicher Zeitrechnung gab es sehr viele *hadîthe*: So hat der *hadîthe*-Sammler *al-Bukhârî* von 40.000 Überlieferungen, die ihm bekannt waren, immerhin 2.000 als zuverlässig anerkannt. Und *Abū Dâwūd* erkannte von 500.000 Überlieferungen lediglich 4.800 als echt an. Wie viele *hadîthe* es insgesamt heute gibt, ist unbekannt. Neben den „starken", anerkannten, gibt es unzählige „schwache", durchweg nichtanerkannte *hadîthe* und darüber hinaus auch behauptete, die lediglich Positionen untermauern sollen.

6.3 Da es für Muslime und Muslima gilt, ein rechtgeleitetes Leben zu führen und sich dazu **Mohammed als Vorbild** zu nehmen, hat auch die *sīra* eine Bedeutung, denn in ihr wird das Leben des Propheten nachgezeichnet. Sie gilt als literarische

Gattung innerhalb der islamischen Geschichtsschreibung und versammelt viele Legenden, poetische Texte, Versuche der Koranexegese, politische Vertragstexte, militärische Auflistungen u. a. m.

6.4 Ein ´ilmihal ist gewissermaßen der Katechismus der Muslime, also ein Handbuch zur Unterweisung in die Grundfragen des islamischen Glaubens. Obwohl er keine eigenständige Quelle ist, hat er enorme normative, einengende Kraft.

Die islamischen Dachverbände in Deutschland geben unterschiedliche ´ilmihals heraus, jeder der Dachverbände möchte seine Gläubigen an seine Glaubensüberzeugungen binden. Besonders geht es in ´ilmihals um die **Klärung praktischer Fragen** bei der Ausübung der Religion, z. B. um Sauberkeit; Formen rituelle Waschung; um die „besonderen Tage der Frauen"; wie man ein Gebet verrichtet; was beim Beten verpönt ist oder es ungültig macht; um Formen von Gebeten und Formen der Niederwerfung beim rituellen Gebet; um den Besuch von Moscheen und Gräbern; um Formen des Fastens und was das Fasten hinfällig macht; um Formen der Steinigung bei der *hadsch*; um Verhalten beim Besuch am Grab des Propheten u. a. m.

6.5 Eine *fatwā* ist ein bindendes Rechtsgutachten eines Rechtsgelehrten (*mufti* einer Rechtsschule), kein Urteil eines Richters (*qadi*). Der Gläubige stellt eine ihm wichtige religiöse Frage und befolgt danach durchweg diese „Empfehlung". Er kann die Bindung jedoch durch eine *fatwā* eines anderen *mufti* einer anderen Rechtsschule umgehen. In der Regel hat eine *fatwā* allerdings solange Bestand, wie der Gutachter lebt und Akzeptanz als Rechtsgelehrter genießt. Genießt er die nicht, muss er damit rechnen, dass seine *fatwā* durch diejenige eines *mufti* mit höherer Reputation ersetzt wird.

Es gibt Fernsehsender, die rund um die Uhr in unterschiedlichen Sprachen *fatwās* senden: Da möchte z. B. eine Frau aus dem Sudan ihre Familie auch rechtgläubig ernähren und fragt, ob es islamisches Gemüse gebe. Jemand anderer fragt, ob zu einer Geburt auch ein – männlicher – Arzt hinzugezogen werden dürfe. Beliebige weitere Beispiele ließen sich bilden. Die Verbreitung solcher *fatwās* ist sehr hoch, da viele Muslime und Muslima solche Sendungen als Hintergrund ihrer täglichen Arbeiten konsumieren, an vielen Orten der Erde. Sie sind ein probates Mittel, Muslime und Muslima auf Rechtgläubigkeit einzuschwören.

Für Schulen war seinerzeit die sog. „Kamel-*fatwā*" zum Aufreger geworden, sie hatte mediale Wellen geschlagen. Es war die *fatwā* des *Fiqh*-Rates der IRH – Islamische Religionsgemeinschaft Hessen – vom 07. Januar 1998, unterschrieben vom Vorsitzenden Amir Zaida. Die *fatwā* wurde auf Anfrage von drei volljährigen Oberstufenschülerinnen erstellt, ob sie an der geplanten zweiwöchigen Abschlussfahrt nach Spanien teilnehmen dürften. Die *fatwā* hatte folgenden Inhalt:

„Eine mehrtägige Reise mit Übernachtung außerhalb der elterlichen Wohnung ist für muslimische Frauen ohne die Begleitung eines mahram (dieser ist ein naher Verwandter, also der Ehemann, Vater, oder Bruder) nicht erlaubt und verstößt gegen islamische Regeln. Der Gesandte Muhammad (s.a.s.) sagte im hadîth: ´Eine Frau darf nicht die Entfernung einer Tages- und Nachtreise ohne mahram zurücklegen.´ Diese Entfernung schätzen die islamischen Gelehrten heutzutage auf ca. 81 km. Gemäß der im Grundgesetz und in der Verfassung des Landes Hessen verankerten Religionsfreiheit ist es deshalb angebracht, muslimische Schülerinnen von der Teilnahme an derartigen schulischen Veranstaltungen freizustellen".

Die *fatwā* wurde damals von der IRH dem zuständigen Schulamt vorgelegt, jedoch von diesem nicht veröffentlicht. Es sind von der IRH keine weiteren *fatwās* in diesem Sinne mehr bekannt geworden. Der Name „Kamel-*fatwā*" wurde durch die Annahme geprägt, dass die Wegstrecke von 81 km die Strecke sei, die ein Kamel an einem Tag zurücklegt.

Konflikte in Schulen und ihre Lösungen

Das Beispiel der „Kamel-*fatwā*" zeigt, welche Blüten Rechtsauskünfte treiben können und wie unkritisch manche Muslime damit umgehen. Hier drei weitere, von etlichen Schulen um Konfliktlösungen nachgefragte Beispiele:

Weigerung, Geburtstage zu feiern

In einer Schulklasse ist es üblich, Geburtstage in Form einer Sammelfête zu feiern, aber einige muslimische Schüler*innen schließen sich aus. Sie berufen sich dabei auf eine *fatwā* von Scheich *Abdul-Aziz Bin al-Baz*, dem ehemaligen Staatsrechtsgutachter Saudi-Arabiens. Danach teilen

> „die Überlieferung und das (islamische) Gesetz unmissverständlich mit, dass das Feiern der Geburtstage (im Islam) verboten ist. Dies ist eine fremde Tradition, die nicht im heiligen Gesetz steht."

Als „fremd" wird die Nachahmung jüdisch-christlicher Traditionen angesehen. In die gleiche Richtung zielen *hadîthe* von *al-Bukhârî* und *Muslim*, zwei Sammlern starker *hadîthe*:

„Das Feiern der Geburtstage ist eine Nachahmung der Juden und Christen. Allahs Prophet, Muhammad, warnte uns, den Juden und Christen in irgendeiner Weise zu ähneln. Allahs Prophet sagte: ‚Ihr (Muslime) ahmt genau die Lehren der Ehemaligen nach. Selbst, wenn diese sich ins Loch einer Eidechse verkriechen würden, würdet ihr dies auch tun.‘ Man fragte Allahs Propheten: ‚Meint ihr mit ‚Ehemalige‘ die Juden und Christen?‘ Allahs Prophet erwiderte: ‚Wen sonst?‘"

Der Sachverhalt, der hier beschrieben wird, sieht in den islamischen Quellen selbst keine Lösung vor. Lehrkräften verbleibt, im Sinne eines Gemeinschaftsgedankens zu argumentieren, aber entspannt zu bleiben, denn zur Teilnahme verpflichten kann man ohnehin niemanden, weil Feiern i. d. R. in der unterrichtsfreien Zeit stattfinden.

Verbot, mit der linken Hand zu essen

Einigen Schüler*innen einer Schule ist aufgefallen, dass eine Muslima in der Klasse beim Essen immer den linken Arm unter den Tisch fallen lässt, und ihre Beobachtung führen sie auf schlechte Tischmanieren zurück.

Von dem Rechtsgutachter *Magdi Gunaim* ist dazu folgende *fatwā* erlassen worden:

„Allahs Prophet, Muhammad – Allahs Segen und Heil seien auf ihm – sagte: ‚Wenn einer von euch [Muslimen] isst oder trinkt, darf er nicht mit der linken Hand essen oder trinken, denn der Teufel isst und trinkt mit der linken Hand.‘ D. h. derjenige, der mit der linken Hand isst oder trinkt, folgt dem Teufel. Wer unserem

*Propheten liebt – Allahs Segen und Heil seien auf ihm
– isst mit der rechten Hand [...]".*

Für Lehrkräfte bedeutet dies, das Verhalten der Schülerin zu erklären, aber als Konflikt möglichst tiefzuhängen und an Bräuche anderer Kulturen zu erinnern.

Leugnen naturwissenschaftlicher Erkenntnisse

Scheich *Saleh bin Fauzan bin Abdul-Lah al-Fauzan* erließ folgende *fatwā* zu der Frage, wie die Rotation der Erde um die Sonne richtig zu beurteilen sei:

> *„Dies ist eine Sache Allahs, der das Universum verwaltet. Der Koran sagt, dass die Sonne sich bewegt, während die Erde still stehen bleibt. Diese Tatsache teilt uns der Koran offensichtlich mit. Wir glauben der Botschaft des Korans, nicht das, was Wissenschaftler behaupten [...]".*

Es kann auch an Schulen gelegentlich zu solchen Grundfragen über das Verhältnis von Religion und (Natur-)Wissenschaft kommen. Ungeachtet eines Anlasses ist es lohnend, diese im Unterricht zu behandeln. Im konkreten Fall haben Lehrkräfte naturwissenschaftlicher Fächer sicherlich Antworten dafür zur Hand. Sollten jedoch einzelne Schüler*innen trotzdem die *fatwā* verteidigen, ist ein Einfluss des *Salafismus* auf diese Jugendlichen nicht ausgeschlossen, weshalb Hilfe durch präventionserfahrene Dritte empfohlen wird.

Ungeachtet dessen kann die Leugnung von Bestandteilen von Unterrichtsfächern als Störung des Schulfriedens und Teilmangel in dem Fach bewertet werden.

64

Unterrichtsbefreiung für eine Reisebegleitung

Wie verhält sich eine Schule, wenn einer ihrer muslimischen Schüler drei Tage Unterrichtsbefreiung beantragt, weil er seine volljährige Schwester bei einer Fahrt mit Übernachtungen begleiten will?

Auch dieser Konflikt basiert – wie Klassenfahrten – auf dem islamischen Gebot, dass eine Frau allein, d. h. ohne männliche familiäre Begleitung (sog. *mahram*-Männer: Ehemann, Vater, Bruder, Schwager), keine Reise mit Übernachtung durchführen soll. Das Gebot wird von einem *hadîth* abgeleitet und mit Sicherheitsfragen, die auch die Keuschheit der Frau umfasst, begründet.

Aktuell ist die Begründung deshalb weitgehend gegenstandslos, weil Sicherheit bei Reisen durch die Gesellschaft, Polizeikräfte, Zug- oder Flugbegleitpersonal, Mitreisende u. a. m. gewährleistet wird und die Frau sexuell gegen ihren Willen, so die Annahme, im öffentlichen Raum unangetastet bleibt. Allerdings bietet auch Öffentlichkeit keine absolute Sicherheit vor Übergriffen, wie die „Kölner Silvesternacht" gezeigt hat.

Dass die Schwester des Schülers volljährig ist, unterscheidet sie dem *hadîth* nach nicht von einer Minderjährigen. Gleichwohl gehört es zum Erwachsensein, jene notwendigen Fähigkeiten und Kenntnisse erworben zu haben, die jemanden in die Lage versetzen, Entscheidungen selbständig und eigenverantwortlich zu treffen, Wertvorstellungen zu realisieren und sich der Opferrolle ohne Hilfe Dritter zu versagen. Anders ausgedrückt: Zum Erwachsensein gehören auch ein ausgeprägtes Maß an Selbstvertrauen, Selbstbewusstsein sowie Risikokompetenz, also die Fähigkeit, Risiken antizipieren und abwägen zu können und eigenes Verhalten daran auszurichten.

Es gibt für die Schule mithin weder zwingende religiöse noch praktische Gründe, dem Antrag stattzugeben. Sollte sie es dennoch aus Billigkeitsgründen tun, kann sie verlangen, dass der versäumte Unterricht nachgearbeitet wird.

Gebrauch der Gebetskette im Unterricht

Vereinzelt kommt es vor, dass muslimische Schüler*innen im Unterricht ihre Gebetsketten durch ihre Hand laufen lassen und dabei murmeln.

Die islamische Gebetskette (*misbaha*) gibt es in verschiedenen Formen und Farben. Sie kann aus unterschiedlichen Materialien, z. B. aus Holz oder Kunststoff, klein oder groß, hergestellt worden sein. Es gibt sie mit elf, 33, 99 oder mehr Perlen. Am meisten verwendet werden jedoch solche mit 33 oder 99 Perlen. Die Gebetskette mit 99 Perlen ist häufig in drei Teile unterteilt, die aus jeweils 33 Perlen bestehen. Die *misbaha* benutzen Gläubige zur Anrufung *Allāhs,* die Anzahl der Perlen hängt mit der Art der Lobpreisung zusammen: Gläubige preisen 33-mal *Allāh* für seine Werke und sein Tun (*subhann-allah*), 33-mal danken sie ihm (*alhamdulillah*), und 33-mal bezeugen sie seine Großartigkeit, Allwissenheit, Mächtigkeit und Gerechtigkeit (*Allahu-akbar*). Als Variante werden die im Koran genannten 99 Namen *Allāhs* rezitiert. Ein vermeintlicher *hadîth* besagt:

„Allāh hat 99 Namen, 100 weniger einen. Wer immer sie lernt, wird das Paradies betreten."

Die islamische Gebetskette hat mithin eine ähnliche Funktion wie der Rosenkranz für Katholiken, und es gibt keine islamische Quelle, die ihre Verwendung vorschreibt. Da sie vom Unterricht ablenkt, sollten Schulen ihre Verwendung während des Unterrichts untersagen.

Verweigerung einer Spritze

Viele ´ilmihals betonen, dass das Fasten hinfällig werde, wenn dem Körper tagsüber Flüssigkeit zugeführt würde. Als Beispiele für ungültiges Fasten nennt der ´ilmihal des VIKZ von Arikan:

> „[...] 2. Wenn beim Putzen der Zähne (oder beim Gurgeln) Wasser in die Speiseröhre läuft, [...] 5. Wenn man Schnee oder Regenwasser, das einem in den Mund geraten ist, verschluckt, [...] 6. Wenn man sich eine Spritze (Injektion) machen läßt." (sic!)

Ungeachtet der religiösen Fragwürdigkeit ist es grundsätzlich nicht Sache von Schulen, sondern von ärztlichen Diensten, Spritzen zu setzen. Gleichwohl kann es durch Diabetes eines Schülers Sache der Schule werden, denn bei abnehmender Insulinproduktion muss Insulin gespritzt oder per Insulinpumpe verabreicht werden, um die erhöhten Blutzuckerwerte wieder abzusenken. Diabeteskinder haben einen Behindertenausweis, was u. a. bedeutet, dass sie unter dem Schutz von Art. 3 Abs. 3 GG stehen. Zwar ist eine abschließende Beurteilung eines jeden Einzelfalls an dieser Stelle nicht möglich, nicht zuletzt gilt es aber, Haftungsfälle und strafrechtlich relevante Sachverhalte nach Möglichkeit zu vermeiden. Grundsätzlich ist eine Vergabe von Medikamenten durch die Schule nicht vorgesehen, auch keine vermeintlich „harmlosen" Medikamente wie Kopfschmerztabletten. Anders kann es sich bei chronischen Erkrankungen oder medizinischen Notfällen verhalten.

Schule und Eltern sind zu einer engen Zusammenarbeit angehalten. Im Fall regelmäßiger Insulinspritzen empfiehlt es sich dringend, eine Einwilligung der Erziehungsberechtigten zu möglichen notwendigen Maßnahmen und auch für mögliche Ausschlusszeiten (etwa ramadān) einzuholen. Ein Tätigwerden der Lehrkraft darf grundsätzlich nur mit Einwilligung und nach genauer, schriftlicher Anweisung der Erziehungsberechtigten erfolgen. In Notfällen können Lehrkräfte auch ohne Einwilligung der Erziehungsberechtigten tätig werden, wenn dies gerechtfertigt und auch geboten ist. Dies gilt insbesondere, wenn die erforderliche Medikation bekannt ist und die entsprechenden Medikamente vorhanden sind.

Dennoch wird an dieser Stelle empfohlen: Subkutane Injektionen wie Insulinspritzen werden zwar auch durch den Schüler selbst gesetzt. Lehrkräfte, die über keine besondere heilpflegerische Ausbildung verfügen, sollten keine subkutanen Injektionen verabreichen, sondern den ärztlichen Dienst oder den Notarzt rufen.

7. Was Muslime glauben

Mit den *usul ad-din* sind Minimalanforderungen an Muslime gemeint, die auch als *‚aqa'id* („Glaubenssätze") bezeichnet werden. Den Kern bilden das islamische Glaubensbekenntnis, die Endlichkeit der Welt und ihre Geschaffenheit durch Gott. Mit dem Ende der Welt gehen die körperliche Auferstehung aller Menschen, ihr Urteil und ihr ewiger Verbleib in Paradies oder Hölle einher. Hier werden auch die politischen Implikationen islamischer Theologie offenbar, etwa in der Frage, ob man zur ewigen Hölle verdammte Sünder schon in dieser Welt erkennen kann und welche Konsequenzen dies hat, z. B. ob diese überhaupt noch als Muslime bezeichnet werden können.

Von allen Muslimen wird ein Bekenntnis zu diesen Glaubensgrundlagen verlangt. Die fünf Säulen bilden 1. Das Glaubensbekenntnis (šahāda); 2. Das Pflichtgebet (şalāh / *salaat*); 3. Die Pflichtabgabe oder Almosen (zakāh / *zakât*); 4. Das Fasten (*saum, siyam, sawn*); 5. Die Pilgerfahrt (*hadj / hadsch*).

Neben den **fünf Säulen** kennt der Islam **sechs Glaubensgrundsätze**: Den Glauben an *Allāh*, die Propheten, die heiligen Bücher, die Engel, die Vorbestimmung und ein Leben nach dem Tod.

Aus der Glaubenspraxis können sich Konflikte ergeben, gleichwohl enthält der Koran selbst für manche Kollisionen zwischen Art. 4 und Art. 7 GG bereits Lösungsansätze.

Konflikte in Schulen und ihre Lösungen

Beten in der Schule

Während der Koran dreimaliges tägliches Beten vorschreibt, abrogiert ein *hadîth* von *al-Bukhârî* [5:227] den Koran und schreibt fünfmaliges tägliches Beten vor. Daher gehört für „fromme" Muslime fünfmaliges Beten am Tag zu bestimmten Zeiten zur Pflicht. Allerdings können nicht verrichtete Gebete auch nachgeholt werden. Das bedeutet, dass der Konflikt – Schüler*innen verlassen den Unterricht, um zu beten – nicht aus den islamischen Quellen abgeleitet werden kann, ein Verlassen des Unterrichts für Gebete ist also religiös nicht geboten und unzulässig. Schulen sollten daher das Verlassen des Unterrichts für Gebete nicht dulden und bei Konflikten ggf. einen Imam hinzuziehen, der ihre Auffassung bestätigt. Schulen haben ein berechtigtes Interesse, Unterricht ungestört durchzuführen. Dazu hat das Bundesverwaltungsgericht am 30. November 2010 – 6 C 20.10 – festgestellt, dass religiöse Bekundungen wie Gebete in der Schule nicht erlaubt und bei Zuwiderhandlung Sanktionen in Gestalt von Erziehungs- und Ordnungsmaßnahmen zulässig sind. Damit haben Schulen Rechtssicherheit.

Forderung nach Einrichten eines Gebetsraumes

Um sein rituelles Gebet zu verrichten, benötigen Muslime Raum, in Schulen konkret einen Bereich des Schulflurs oder einen gesonderten Raum, dessen Nutzung nicht dem Bestimmungsrecht Einzelner, sondern dem der Schule unterliegt und der als Verkehrsfläche, nämlich als Zugang zu Klassenräumen, Fachräumen, Lehrerzimmern, Toiletten und Ausgängen, zur Verfügung gestellt wird.

Für Schulen hat das Bundesverwaltungsgericht in der gerade zitierten Entscheidung festgestellt, dass die Glaubensfreiheit eines Schülers aus Art. 4 Abs. 1 und 2 GG ihn zwar grundsätzlich berechtige, während des Besuchs der Schule außerhalb der Unterrichtszeit zu beten. Diese Berechtigung finde jedoch ihre Schranke in der **Wahrung des Schulfriedens**. Insoweit bestehe das Grundrecht der Glaubensfreiheit nicht uneingeschränkt. Anders als die kollektiv ausgeübte Versammlungsfreiheit schließt die Ausübung der Glaubensfreiheit als Recht des Einzelnen in der Regel keinen besonderen Raumbedarf ein, so das Gericht.

Die Glaubensfreiheit verpflichte die Schule, so führt es weiter aus, deshalb nicht, einen Gebetsraum einzurichten. Schulen sollten daher, wenn sie sich organisatorisch und aufsichtsrechtlich oder auch aus anderen, nicht näher zu erläuternden Gründen, nicht in der Lage sehen, einen Bereich als **Gebetsraum für alle Religionen** auszuweisen, die Bitte von Schüler*innen ablehnen.

Fasten während der Unterrichtszeit

Grundsätzlich gilt, dass **vor dem Erreichen der Pubertät nicht von einem religiösen Gebot** für Schüler*innen zum Fasten ausgegangen wird. Zudem nennt der Koran in den Versen 2:183-185 Dispense für Menschen in bestimmten Situationen: Kranke, Altersschwache, Schwangere, stillende Mütter, Schwerarbeitende, Reisende, Frauen in der Menstruation sowie Kinder vor Erreichen der Pubertät (also auch Grundschüler*innen) sind von dieser Pflicht ausgenommen. Außerdem können Muslime als Ersatzleistung für ausgefallenes Fasten auch Geld spenden oder Arme speisen.

Der Fastentag beginnt mit dem Einbruch der Morgendämmerung, genau dann, wenn laut koranischer Aussage die Gläubigen „den weißen Faden vom schwarzen Faden" unterscheiden können [2:187]. Ein hieraus entstehender Konflikt in Schulen ist also mit Hilfe der islamischen Quellen zu lösen, denn Unterricht kann im Sinne des Koran für Schüler*innen als schwere Arbeit angesehen werden, die vom Fasten befreit. Zudem können sie das Fasten unterbrechen oder durch ein zusätzliches Almosen ersetzen. Allerdings ist es nicht Aufgabe von Schulen, Fasten zu unterstützen oder zu behindern.

Problematischer sind zwei andere Sachverhalte: Der Verzicht, im *ramadān* tagsüber zu trinken, kann zu ernsthaften gesundheitlichen Beeinträchtigungen führen, insbesondere im Sommer und im Sportunterricht.

Und das abendliche Fastenbrechen, das die Familien mit Freunden ausgiebig und manchmal bis in die Nacht feiern, kann dazu führen, dass muslimische Kinder und Jugendliche morgens übermüdet und unkonzentriert im Unterricht sitzen. Da der *ramadān* ca. einen Monat dauert, kann dies erhebliche **Auswirkungen auf Lernverhalten und Lernfortschritte** haben.

In beiden Fällen sollten Schulen grundsätzlich und im Vorfeld mit Eltern und Schüler*innen die Problematiken ansprechen und gemeinsam nach Lösungen suchen. Sollten solche abgestimmten Lösungen nicht realisierbar sein, gilt der Vorrang des Unterrichts- und Erziehungsauftrags der Schule, da islamische Quellen eben Dispense vorsehen.

Regeln für Klassenfahrten

Der Konflikt, der sich aus einer Teilnahme an Klassenfahrten ergeben kann, betrifft im Wesentlichen zwei islamische Gebote: Das erste hat seinen Ursprung in der bereits zitierten Vorstellung eines *hadîth*, dass eine Frau allein, d. h. ohne männliche familiäre Begleitung (sog. *mahram*), keine Reise mit Übernachtung durchführen sollte. Dieses Gebot bezieht sich auf alle Schulen, die auf Grundschulen folgen, da Grundschülerinnen nicht als Frauen gelten. Der Kontext dieser Überlieferung macht deutlich, dass zur Zeit ihrer Entstehung der Sicherheitsaspekt für die Frau im Vordergrund stand. Heute ist der Text gegenstandslos, da bei Klassenfahrten

Sicherheit durch die Gesellschaft und durch die Aufsichtspflicht der Lehrkräfte eindeutig geregelt ist. Allerdings ist sicherzustellen, dass für Geschlechter getrennte Schlaf- und Waschräume, Duschen und Toiletten vorhanden sind und eine weibliche Begleitperson mitfährt.

Das zweite Gebot betrifft **islamische Speisevorschriften**. So muss auf Klassenfahrten sichergestellt sein, dass teilnehmende Muslime und Muslima *halāl* essen und trinken können und Alkohol vermieden wird. Damit wird eine klassische Form von praktischer Konkordanz erreicht: Muslime erhalten *halāl* Speisen und Getränke, und für Nichtmuslime gibt es weitere Angebote.

Ungeachtet möglicher Konflikte ist es in jedem Fall empfehlenswert, Eltern an der Planung und Nachbesprechung der Fahrten zu beteiligen und ihnen ggf. auch einen Platz als Begleiter*in einzuräumen.

Regeln bei der Essensausgabe

Nicht nur, aber auch auf Klassenfahrten kann es zu Verweigerungen der Essensannahme kommen, überwiegend wohl von geflüchteten muslimischen Jungen und Männern. So sieht etwa der konservative Islam eine „Versuchung" (*fitna*) darin, wenn sich Männer in die Nähe von Frauen außerhalb ihrer Familie begeben oder sie gar berühren, wie das bei Essensausgaben möglich sein kann. Wer dies dennoch tut, verstößt in den Augen dieser Verfechter gegen das islamische Gebot, *fitna* zu vermeiden. Vergleichbar können sich vereinzelt auch Frauen gegenüber Männern verhalten.

Für diesen Konflikt deutet sich eine Lösung im Sinne praktischer Konkordanz an: Ein Lehrer könnte solche Verweigerer einige Tage begleiten und sie an die Essensaufgabe durch Frauen gewöhnen. Wenn dies nicht erfolgreich ist, verbleibt dem Personal, das sich durch eine solche Verweigerung brüskiert fühlt, als letztes Mittel, die Essensausgabe zu verweigern.

Forderungen nach besonderer Mensaausstattung

In manchen Religionen, so auch im Islam, wird zwischen erlaubtem (*halāl*) und verbotenem (*harām*) Essen unterschieden. Im Islam sind u. a. Schweinefleisch und Produkte *harām*, zu deren Herstellung Schweinefleisch verwendet wird. Hingegen schreibt der Islam nicht vor, dass es getrennte Essräume für *halāl* und *harām* Essen geben und auch kein gesondertes Küchengeschirr und Besteck dazu verwendet werden muss. Die religiösen Essensvorschriften sind bei Jesiden ähnlich wie im Islam.

Die Schule sollte Forderungen nach getrennten Räumen, separatem Essbesteck und Küchengeschirr sowie ggf. nach muslimischem Personal in Küche und Essensausgabe für *halāl* Essen deshalb nicht nachkommen, denn es gibt keine islamische Grundlage für diesen Konflikt. Vielmehr sollten ggf. Aushänge auf die Bestandteile des Essens und das regelmäßige Spülen von Küchenutensilien hinweisen. Solche Informationen können auch für Allergiker hilfreich sein.

Unterrichtsbefreiung für die Wallfahrt

Die *hadsch* findet jährlich während des Monats *dhū l-hiddscha* (*hiǧra*), dem zwölften Monat im islamischen Kalender, statt. Wenn muslimische Schüler*innen um Unterrichtsbefreiung bitten, um an der *hadsch* teilzunehmen, kann die Schule sie auf die Möglichkeit verweisen, in den Ferien eine ʿumra durchzuführen, denn diese Form der spirituellen Einkehr kann jederzeit im Jahr durchgeführt werden, sie ist die Pilgerfahrt außerhalb des *dhū l-hiddscha*, also des zwölften und letzten Monats im Jahreskreislauf des islamischen Kalenders. Zwar kann die ʿumra trotz gleicher Rituale und gleichem Pilgerziel die *hadsch* nicht ersetzen. Aber da der Gläubige aufgerufen ist, die *hadsch* wenigstens einmal im Leben durchzuführen, verbleibt hinreichend dafür Zeit auch über die Schulzeit hinaus.

Auch hier liegt die Konfliktlösung also in den islamischen Quellen selbst, die Schule sollte eine Unterrichtsbefreiung für die *hadsch* ablehnen und auf die *'umra* verweisen.

Missionierung in der Schule

Immer wieder berichten Schulen, dass muslimische Schüler*innen z. B. Hausaufgabenbetreuungen und Ganztagsangebote dazu nutzten, in ihren Gruppen Kinder und Jugendliche über den Islam zu informieren und sie aufforderten, sie in die Moschee zu begleiten oder an islamischen Festen teilzunehmen.

Solche Versuche sind als Missionierungs-, also *da'wa*-Versuche, zu bewerten. Die koranische Grundlage für *da'wa* ist u. a. Vers 12:108, der dazu auffordert, *Allāhs* Weg zu folgen und sich damit von den „Heiden" abzusetzen. Damit sollen Grenzen zwischen Gläubigen und *kuffār* errichtet werden.

Mit *da'wa*-Versuchen wird die Schwelle zu einer hinreichend konkreten **Gefährdung oder Störung des Schulfriedens** überschritten. Hier ist zunächst nicht die einzelne Lehrkraft, sondern die Schulleitung gefordert, die muslimischen Schüler*innen aufzufordern, unverzüglich ihre Missionierungsversuche einzustellen, weil sie andernfalls mit schulrechtlichen Konsequenzen rechnen müssten. Denn hier geht es nicht um gelebte Glaubenspraxis, sondern bereits um Teil der Strategie von islami(sti)schen Fundamentalisten. Deshalb kann davon ausgegangen werden, dass diese Schüler*innen im Auftrag Dritter, mindestens mit deren Billigung, in der Schule agieren. Der dringendste Rat ist, die *da'wa*-Versuche nicht zu vertuschen, um nicht den „guten Ruf" der Schule zu beschädigen. Der ist geringer zu achten als die Zukunft von Kindern und Jugendlichen.

In einem zweiten unverzichtbaren Schritt sind die Lehrkräfte gefragt, die die Versuche mit den betroffenen Schüler*innen sowie deren Eltern kommunizieren müssen. Die Herstellung von Öffentlichkeit ist ein Weg, diese Versuche zu beenden. Eine unterrichtliche Thematisierung abgestimmt zwischen Kolleg*innen sollte folgen.

8. Muslimisches Verhalten ist religiös geprägt

Muslimisches Leben wird in erheblichem Maße durch Verlautbarungen und öffentliches Auftreten muslimischer Organisationen bestimmt. Die nicht-organisierte „schweigende Mehrheit" (mehr als 80 Prozent der Muslime) kommt kaum in den Blick, und die Mehrheitsgesellschaft weiß über ihre religiösen, kulturellen und politischen Orientierungen und ihre Alltagswelten noch relativ wenig.

Da der Islam eine Religion der Orthopraxie ist (und Orthodoxie sein Pendant), erwartet er vielmehr von seinen Gläubigen richtiges, im islamischen Sprachgebrauch rechtgeleitetes Verhalten und dessen Reflexion. Für gläubige Muslime und Muslima ist es wichtig, am Leben in einem islamischen Gemeinwesen teilzunehmen und dabei z. B. die rituellen Vorschriften zu erfüllen. Hierbei sowie bei Alltagsfragen und solchen von politischer Autorität und öffentlicher Ordnung spielt die islamische Rechtswissenschaft, das *fiqh*, eine zentrale Rolle. Auch die *šarīʿa* ist letztlich lebendige Praxis rechtlicher Gebote. Aufgrund der enormen Bedeutung des *fiqh* innerhalb der islamischen Religion ist dieses ein wichtiger erster Anhaltspunkt für die Rolle religiösen Verhaltens.

Die Bücher des *fiqh* unterscheiden nicht zwischen öffentlichem und religiösem Verhalten, **alles Verhalten ist religiös**. Sie unterteilen das menschliche Verhalten in fünf Kategorien:

Handlungen	Beispiele
verpflichtend (*wādschib* oder *farḍ*)	Pflichten wie Gebet, Fasten. Es gibt persönliche und gemeinschaftliche religiöse Pflichten (z. B. das Totengebet)

empfohlen (*mandūb*, auch *mustaḥabb* oder *sunna*)	mehrmalige *hadsch* im Leben; Almosen geben; Gebete, die über die Zahl der Pflichtgebete hinausgehen; *ʿumra* anstelle der *hadsch*
erlaubt, aber moralisch gleichgültig (*mubāḥ* oder *halāl*)	Almosen anstelle von Fasten
unerwünscht, verhasst, verpönt (*makrūh*)	Scheidung; Verschwendung von Wasser bei der rituellen Waschung
verboten oder geächte (*harām*)	Diebstahl, Unzucht, Alkoholkonsum

Es gibt mithin die zwei Verhaltensstufen (*fard* und *mandūb*), die positiv und zwei weitere (*makrūh* und *harām*), die islamisch negativ konnotiert sind. Die mittlere Verhaltensstufe (*mubāḥ* oder *halāl*) ist moralisch neutral zu bewerten.

Alle Rechtgläubigen versuchen, die Gebote einzuhalten und Verbote zu meiden, auf die Verhaltensstufen bezogen ist ihr Anspruch, sich möglichst ein Leben lang in den ersten zwei Stufen zu bewegen.

Die mittlere Stufe weist für bestimmte Pflichten Alternativen auf. Für religiöses Verhalten muslimischer Schüler*innen bedeutet dies, dass sie bei manchen Konfliktgestaltungen in Schulen von vornherein **zwischen Alternativen wählen** können. Wenn von religiösem Verhalten in Schulen die Rede ist, dann ist damit Verhalten gemeint, das sich im Rahmen dessen bewegt, was im Islam unstrittig Teil des kanonischen Rechts ist. Gleichwohl haben sich daneben – wie in anderen Religionen auch – Verhaltenskodizes Einzelner oder von Gruppen herausgebildet, die diese im Islam innerhalb des *fiqh* sehen, die jedoch in Wirklichkeit religiöse Sonderwege sind, die das *fiqh* nicht abdeckt. Konflikte, die daraus erwachsen, sind eher selten anzutreffen.

Konflikte in Schulen und ihre Lösungen

Verweigerung des Handschlags

Zunehmend häufiger ist zu hören, dass Muslime Frauen den Handschlag verweigern. Vereinzelt haben auch Lehrerinnen in der Vergangenheit diese Erfahrung gemacht.

Vorab: Es gibt **keine juristische Grundlage**, den Handschlag oder sonstige Umgangsformen, die in Deutschland gelebt werden, einzufordern. Unabhängig hiervon sind Verhaltenskodizes, die Schulen von ihren Schülerinnen und Schülern erwarten.

Konservative Muslime zitieren zu der Haltung, den Handschlag zu verweigern, gerne den vermeintlichen *hadîth* von *Ma`qal ibn Yassaar*:

> *„Es ist besser, dass einer von euch mit einem Eisenstachel in den Kopf gestochen wird, als dass er eine Frau berührt, die er nicht berühren darf."*

Daraus wird von wenigen gefolgert, dass das Berühren einer Nicht*mahram*-Frau (Ehefrau, Mutter, Schwester, Schwägerin) auf *fitna*, Versuchung, beruhe. Es rege die Begierde an und führe zu *harām* (verbotenen) Wünschen. „Untermauert" wird diese Haltung mit einem Verweis auf Mohammed, der niemals eine Nicht-*mahram*-Frau berührt habe, selbst dann nicht, wenn er ihren Treueeid entgegennahm. Dabei berufen sie sich auf Sure 60, Vers 12 des Koran, in dem der konkrete Sachverhalt „Handschlag mit Frauen" jedoch nicht angesprochen wird.

Wer dennoch einer Frau z. B. in der Schule die Hand gibt, handelt in den Augen dieser Verfechter unislamisch, denn Muslime sollten ihre Gefühle unter Kontrolle haben und den Versuchungen des Teufels widerstehen. Vergleichbar verhalten sich auch einige Muslima gegenüber Nicht-*mahram*-Männern (Ehemann, Vater, Bruder, Schwager).

Eine Konfliktlösung im Sinne der Trias für Lösungen von Rechtskonflikten ist nicht möglich. Es verbleibt Lehrkräften sowie weiterem Schulpersonal, das sich durch eine solche Verweigerung eines Muslims oder einer Muslima brüskiert fühlt, lediglich, sich vorher darauf einzustellen und mit Kolleg*innen in ihren Reaktionen abzustimmen. Argumente in Richtung „Anpassung an den Kulturkreis Deutschland" verlaufen durchweg im Sande. Und es löst auch den konkreten Konflikt nicht, wenn man weiß, dass es das Verweigern des Handschlags auch in anderen Religionsgruppen, beispielsweise im jüdischen Chassidismus, gibt.

Sitzordnung in der Klasse

Ein 15jähriger muslimischer Junge, der kürzlich aus Afghanistan geflohen ist, weigert sich, sich neben eine Mitschülerin zu setzen. Wie verhalten sich Lehrer*innen, sollen oder müssen sie dies dulden?

Die Weigerung des Schülers, sich neben eine Mitschülerin zu setzen, kann neben *fitna* auch daher rühren, dass manche geflüchtete Jungen und unverheiratete Männer bislang lediglich Nähe zu Frauen ihrer Familie erfahren haben und deshalb unsicher sind bei körperlicher Nähe zu Frauen außerhalb ihrer Familie.

Die Lehrkraft tut im Sinne praktischer Konkordanz gut daran, dem Wunsch des Schülers vorläufig nachzukommen, zur Eingewöhnung evtl. zunächst gemischtgeschlechtliche Arbeitsgruppen zu bilden und später einen neuen Versuch zu starten. Ungeachtet dessen unterliegen Schüler*innen zwar dem Anordnungsrecht der

Schule; gleichwohl sollten Kollegien darüber diskutieren und entscheiden, ob die Sitzordnung in einer Lerngruppe zwingend durchgesetzt werden muss. Auf jeden Fall stärkt in dieser Frage einheitliches Verhalten aller Lehrkräfte die Position der Schule.

Weigerung, Porträts zu zeichnen

Manche Muslime sind der Ansicht, das Zeichnen oder Malen menschlicher Gesichter oder Figuren sei *harām*, also verboten, weil sich der Mensch damit anmaße, Gott zu sein, der den Menschen erschaffen hat. Ein solches Verhalten wird als *širk* bewertet, also als Vielgötterei.

Hintergrund für die Verweigerung ist das Bilderverbot im Islam. Allerdings machen diese Verweigerer ggf. selbst Selfies, schauen sich Fotos und Videofilme an, konsumieren Zeitschriften mit Abbildungen von Menschen u. a. m. Sie missverstehen das Gebot „Du sollst dir kein Bildnis machen", denn damit ist unter islamischen Rechtsgelehrten unstreitig gemeint, *Allāh* und Menschen nicht in eine vorgefertigte „Meinungsschublade" zu packen. Wenn das Porträtieren als *širk* bewertet wird, kann es sich nicht um ein Kunstverbot handeln, solange die Kunst, die dargestellt wird, im Rahmen der durch die Offenbarung geschaffenen Ordnung bleibt. Auch die Kunst kann ein Mittel dafür werden, sich *Allāh* zu nähern, ihn in Werken zu finden. Kunst, auch Kunstunterricht, öffnet mithin eine Tür in die ästhetische Welt der Suche nach dem Sinn des Lebens.

Allerdings wird der Umgang mit dieser Einsicht für Lehrkräfte bei einem entsprechenden Konflikt mit muslimischen Schüler*innen nicht einfach, sie müssten ja theologisch argumentieren, was wiederum auf theologische Gegenargumente stoßen würde. Besser wäre es deshalb, mit der Kollegin zu sprechen, die islamischen Religionsunterricht an der Schule unterrichtet und sie danach in den Kunstunterricht mitzunehmen, um das Porträtieren außerhalb von *širk* zu stellen. Wenn diese Versuche zur Konfliktlösung nicht erfolgreich sind, muss die Schule von ihrem Unterrichtsauftrag Gebrauch machen und „Leistungsverweigerung" konstatieren.

Verweigerung des Schulbesuchs unter Hinweis auf ein Gelübde

Es gibt in Religionen auch fromme Übungen, zu denen sich Gläubige für eine begrenzte Zeit zurückziehen, um in besonderer Weise Gott gedenken. Im Islam ist *i'tikāf* eine Form der meditativen Absonderung, die manche Muslime oder Muslima vornehmen. Sie wählen als Ort für ihre Meditationen, Gebete und zur Koranrezitation einen stillen Raum i. d. R. in ihrer Wohnung oder einer Moschee. Diese frommen Übungen sind Teil eines Gelübdes, durch das sie sich verpflichten, umfassend zu fasten, d. h. weder zu essen noch zu trinken, sich sexueller Aktivitäten und Ablenkungen (Fernseher, Radio, Smartphone, PC etc.) zu enthalten, ggf. nachts zu schweigen und sich ausschließlich *Allāh* zu widmen. Durch diese Übungen erbitten sie den besonderen Segen *Allāhs*. Häufig wird *i'tikāf* mit dem *ramadān* verknüpft. Grundlage hierfür ist Koranvers 2:187, der das Fasten unter Bedingungen einfordert.

Es sind bislang erst wenige Einzelfälle bekanntgeworden, in denen muslimische Schüler*innen unter Hinweis auf *i'tikāf* nicht zur Schule gegangen sind und nicht am Unterricht teilgenommen haben. In diesen Fällen kollidieren Art. 4 GG (Religionsfreiheit) mit Art. 7 (staatlicher Bildungs- und Erziehungsauftrag). Allerdings ist nicht alles individuelle religiöse Verhalten von Art. 4 Abs. 2 umfasst. Vielmehr schützt das Grundgesetz die Freiheit des Glaubens und des religiösen Bekenntnisses, die auch das Pflegen kultischer Handlungen beinhaltet, und zwar auch solche, die aus religiöser Motivation heraus erfolgen. Mangels eines allgemeinen Gesetzesvorbehalts kann sich die Rechtfertigung eines Eingriffs in die religiöse Freiheit aber aus kollidierendem Verfassungsrecht ergeben. In diesem Fall wird Art. 4 zwar nicht vom staatlichen Bildungs- und Erziehungsauftrag verdrängt, denn Verfassungsrechte sind nicht durch Vorrang bestimmt. Da dieser deshalb im Falle von i'tikāf auch nicht zur Anwendung kommen kann, besteht die Lösung im Sinne praktischer Konkordanz darin, dass die Schule darauf verweisen kann, dass i'tikāf auf die unterrichtsfreie Zeit, etwa die Ferien, verlegt werden kann. Sie kann die Nichtteilnahme von Schüler*innen am Unterricht nach entsprechender vorheriger Beratung, die die Alternative ebenso einschließt wie die Konsequenzen, mit Leistungsverweigerung bewerten.

9. Islamische Institutionen und Glaubenspraxis

Die **Moschee** ist der Ort, an dem sich Muslime zum Beten und für persönliche Begegnungen einfinden. Der wichtigste Wochentag ist der Freitag, zu dem sie sich dort zum „Freitagsgebet" und zur Predigt versammeln. Aktuell gibt es etwa 2.800 Moscheen in Deutschland, davon 143 repräsentative (zum Vergleich: Es gibt ca. 24.500 katholische und 21.100 evangelische Kirchen).

Wichtige **Feiertage** sind die islamischen Festtage, sie hängen hauptsächlich mit dem Leben des Propheten Mohammed und der besonderen Bedeutung des Koran zusammen. Der Islam kennt zwei Hauptfesttage, das Fest des Fastenbrechens (*'îd al-fitr*) und das Opferfest (*'îd al-adhā*). Die Art, wie diese Festtage als gesetzliche Feiertage in islamisch geprägten Staaten anerkannt sind, schwankt über die Ethnien hinweg, ebenso in den islamischen Richtungen Sunniten, Schiiten und Sufismus. Zum Abschluss der Pilgerzeit feiern die Muslime ihr Opferfest *'îd al-adhā*. Es ist das höchste islamische Fest. Es wird zum Höhepunkt der *hadsch* begangen. Das *'îd al-fitr* ist das *Ramadān*- oder Zuckerfest und wird zum Abschluss des Fastenmonats *ramadān* gefeiert. *Āšūrā'* ist der 10. Tag des islamischen Monats *muharram*. An diesem Tag gedenken die Schiiten des Todes ihres Imam *Husain* in Kerbela.

Spricht man vom **Imam**, der ebenfalls eine islamische Institution ist, ist in der Regel der Vorbeter und Leiter des Gemeinschaftsgebetes gemeint, aber auch der geistliche Leiter seiner Gemeinde. In Deutschland wird meist nur von sunnitischen Imamen gesprochen, da die Sunniten unter den Muslimen in Deutschland die Mehrheit darstellen. Es gibt im sunnitischen Islam kein Priesteramt, der Imam ist kein Mittler zwischen *Allāh* und den Gläubigen, und er erteilt keine Sakramente. Der Titel „Imam" setzt keine bestimmte Qualifikation oder ein Studium voraus, daher gibt es neben Auto- didakten ausgebildete, in wenigen Fällen auch studierte Imame. In kleinen Gemeinden können also auch Männer spontan die Rolle eines Imams übernehmen. Während sunnitischen Imamen haupt- sächlich religiöse Aufgaben zugedacht werden, ist der Imam im schiitischen Glauben auch politischer Führer. Er gilt als direkter, leib- licher Nachfolger des Propheten und geistiger Führer aller Muslime aus der Familie *Alis*. Er wird als unfehlbar und sündenfrei ange- sehen und bekleidet seine Position im Rahmen einer Hierarchie.

Über 90 Prozent der Imame in Deutschland kommen aus dem Ausland. Etwa drei Viertel stammen aus der Türkei, die anderen aus dem ehemaligen Jugoslawien und aus Nordafrika. Ihr Arbeit- geber sind durchweg die Dachverbände, die sie für ca. drei Jahre in Deutschland anstellen und ihnen meist das Thema ihrer Frei- tagspredigt aus ihrer Zentrale im Ausland vorgeben. Weitere Prob- leme ergeben sich daraus, dass aus dem Ausland importierte Ima- me weder Deutsch sprechen, noch mit den Lebensgewohnheiten und Alltagsfragen ihrer Gemeinde vertraut sind, oftmals lediglich geringe Qualifikationen für das Amt mitbringen, die Gläubigen aber religiös beeinflussen und in den Gemeinden Koranunterricht für Kinder erteilen. Aber: Religion und die Unterweisung in religiöse Fragen braucht Sprache, in Deutschland eben Deutsch.

Konflikte in Schulen und ihre Lösungen

Schulen suchen Imame ihres Vertrauens

Für Schulen, die eine größere Anzahl muslimischer Schüler*innen unterrichten, stellt sich häufig die Frage, welchen Imam sie ggf. ansprechen sollten, wenn es um strittige Islamfragen geht. Nicht immer ist der Imam der nächstgelegenen Moschee der geeignete.

Rauf Ceylan, ein Islamwissenschaftler der Universität Osnabrück, hat Interviews mit Imamen geführt, deren Ergebnisse Schulen bei dieser Frage helfen können. Dazu bildete er verschiedene „Imam-Typen":

Zunächst identifiziert er eine Gruppe **„traditionell-konservativer"** Imame, die nach seiner Einschätzung ungefähr 75 Prozent der Imame in Deutschland ausmachen. Sie sind werte- und struktur-konservativ; das heißt, sie möchten Werte wie Autoritätsgläubigkeit, Gehorsam sowie Patriotismus bewahren und halten an traditionellen Rollenvorstellungen innerhalb der Familie fest.

Die zweite Gruppe bezeichnet er als **„traditionell-defensiv"**. Diese Gruppe lehnt akademisches Wissen und die moderne Medizin zu großen Teilen ab. Sie vertritt eine Geheimlehre und hält an Methoden wie Exorzismus und Okkultismus fest. Nationalismus, ein apokalyptisches Weltbild und das Warten auf den *mahdi* (Messias) kommen in ihren religiösen Positionen zum Ausdruck. Diese Gruppe macht nach Ceylan nur eine Minderheit der Imame in Deutschland aus.

Den dritten Imam-Typ bezeichnet Ceylan als **„intellektuell-offensiv"**. Seiner Schätzung zufolge sind ungefähr 15 Prozent dieser Gruppe zuzuordnen. Sie befürworten eine kritische Auseinandersetzung mit dem Islam und eine Neuinterpretation des Koran.

Am problematischsten ist nach Ceylan der letzte Imam-Typ, die „**neo-*salafistischen***" Imame, die eine Minderheit unter den in Deutschland wirkenden Imamen bildet. Hier handelt es sich meist um Autodidakten, die mit den Moscheen und Dachverbänden gebrochen haben. Der Islam wird politisiert, der *ĝihâd* als kriegerische Lösung befürwortet.

Für Lehrkräfte ist es daher nicht leicht, vertrauensvoll mit dem Imam „ihrer" Gemeinde zu kooperieren. Bei Fragen, welcher Imam aufgeschlossen – nach Ceylan „intellektuell-offensiv" ausgerichtet – ist, gibt es aber Möglichkeiten, etwa über den **Kontaktbeamten der Polizei zur islamischen Community**, Näheres zu erfragen.

Im Rahmen des Projekts „Imame für Integration" werden inzwischen an einigen deutschen Universitäten Weiterbildungsprogramme für Imame sowie für religionspädagogisches und seelsorgerisches Personal in Moscheegemeinden angeboten. Ausbildungsmodule sind „Alltag in Deutschland", „Gemeindepädagogik" sowie „Religion, Recht und Staat". Seit einigen Jahren zählen auch die Aufgaben des Extremismusbeauftragten dazu. Der Imam lernt, Radikalisierungsprozesse junger Muslime möglichst frühzeitig zu erkennen und durch präventive Maßnahmen zu vereiteln.

Bei der Suche nach einem Imam ihres Vertrauens könnte die Schule den Imam auch fragen, ob er an einem dieser Weiterbildungsprogramme teilgenommen hat.

Diese in Osnabrück begonnene Initiative war der Beginn davon, dass in der Folgezeit an weiteren deutschen Universitäten für hier tätige Imame ein Studiengang eingerichtet wurde, der zu den genannten Modulen auch eine solide theologische sowie soziologische Weiterbildung hinzufügt Zu dieser Weiterbildung kann auch religionspädagogisches und seelsorgerisches Personal in Moschee-gemeinden zugelassen werden.

Sprechen und Beten in der Herkunftssprache

Vereinzelte Schulen berichten, dass sich muslimische Schüler*innen, vornehmlich Geflüchtete, in Pausen in Gruppen auf dem Schulhof zusammenstellen, beten und sich in ihrer Herkunftssprache unter-halten.

Falls Schulen dies als Konflikt ansehen, ist der jedenfalls nicht mit der Trias für Lösungen von Rechtskonflikten zu entscheiden. Viel-mehr ist auch eine der beschriebenen Situationen, das Beten in Pausen, von der Religionsfreiheit des Art. 4 GG umfasst. Es han-delt sich beim Beten und bei Gesprächen in einer anderen Spra-che als Deutsch in Pausen also nicht um einen Rechtskonflikt. Die Möglichkeit, die Schulen oder einzelne Lehrkräfte haben, liegt in erzieherischen Einwirkungen, darauf hinzuweisen, dass solches Verhalten Selbstausschlusstendenzen beinhalten, die dem **Ge-meinschaftsgeist** der Schule und dem Ziel widersprechen, mög-lichst vielfältige Kontakte und Sprechanlässe in Deutsch zu suchen. Untersagt werden kann beides Verhalten jedoch nicht. Und sollten Schulen in ihrer Schulordnung Gespräche in Herkunftssprachen sanktionieren, ist eine solche Bestimmung rechtsunwirksam.

Unterrichtsbefreiung an Festtagen

Die zwei Feste *'îd al-adhā* (türkisch: Kurban bayramı) sowie das Fest am Ende des Fastenmonats *ramadān*, *'îd al-fitr* (türkisch: Ramazan bayramı), haben für Muslime solch´ grundlegende Bedeutung wie für Christen das Weihnachts- und Osterfest. Das *'Āschūrā'*-Fest, evtl. vergleichbar mit der Bedeutung von Karfreitag für Christen, gilt als Tag der Trauer und hat für Schiiten im jährlichen Festkalender eben-falls eine grundlegende Bedeutung, die zu berücksichtigen ist. Der Stellenwert der Festtage kann nicht aus den islamischen Schriften selbst mit Zitaten belegt werden, wohl aber aus **islamischer Tradition und Kultur**. Dennoch vermindert dies nicht die emotionale und das ideelle Gewicht der Festtage für Muslime.

Die genannten Festtage werden in islamischen Staaten mit zwei, meist drei Feiertagen begangen und beginnen mit einem Festgebet in den Moscheen, die als Ort zugleich neben dem religiösen Aspekt auch eine **wichtige gesellschaftliche Bedeutung** erfüllen. Hieraus ergibt sich der Wunsch von Eltern, ihre Kinder am Festgebet und den häuslichen Feierlichkeiten teilnehmen und vom Schulunterricht an diesen Tagen befreien zu lassen.

Eine Teilnahmeverpflichtung am Unterricht dient zwar der Erfüllung des staatlichen Bildungs- und Erziehungsauftrags, und zudem kann die Teilnahme am Festgebet durch andere Handlungen ersetzt werden. Trotzdem ist bei diesen drei jährlich wiederkehrenden hohen Festtagen davon auszugehen, dass der Teilnahme an den religiösen Feierlichkeiten gegenüber der Unterrichtsverpflichtung größeres Gewicht zukommt, da ein Fernbleiben Einzelner den staatlichen Bildungs- und Erziehungsauftrag nur unwesentlich beeinträchtigen würde. Bei – im Einzelfall und auf Antrag – erteilter Unterrichtsbefreiung handelt es sich lediglich um eine **Befreiung von der Anwesenheitspflicht**. Gleichwohl können dem Anspruch auf Unterrichtsbefreiung Grenzen gesetzt sein, wenn die Schule organisatorische Fragen (etwa Aufrechterhaltung des Unterrichts, Klassenarbeitstermine, Prüfungen, Klassenfahrten etc.) nicht zumutbar lösen kann.

Deshalb bietet sich eine Lösung im Sinne praktischer Konkordanz an. Für den Umgang in der Praxis hat es sich als hilfreich erwiesen, dass Schulen, an denen zahlreiche muslimische Schüler*innen lernen, diese Festtage bei ihrer Terminplanung für das Schuljahr etwa in Form von beweglichen Ferientagen berücksichtigen. Mithin sollten die Schulgremien auch für die Beurlaubung von

Schüler*innen für islamische Festtage Standards festlegen, dabei einheitliche Maßstäbe entwickeln und die beweglichen Ferientage berücksichtigen.

Unbeschadet dessen kann die Schule wie bei jeder individuellen Beurlaubung verlangen, dass versäumte Unterrichtsinhalte nachgearbeitet werden.

Unterrichtsbefreiung für das Beschneidungsfest

Neben den zwei Festen *'îd al-adhā* (türkisch: Kurban bayramı) sowie dem Fest am Ende des Fastenmonats *ramadān*, *'îd al-fitr* (türkisch: Ramazan bayramı) sowie dem überwiegend von Schiiten gefeierten *'Āschūrā'*-Fest sind die Feierlichkeiten im Zusammenhang mit der rituellen Beschneidung von Jungen ganz besondere Festtage für muslimische Familien. Dem zumeist 8jährigen Jungen wird unter physischen und psychischen Schmerzen die Vorhaut entfernt. Die Beschneidung ist in der muslimischen Gemeinschaft tief verwurzelt. Sie wird nahezu von jedem Muslim eingehalten und zählt zu den bedeutendsten **Bräuchen** im Islam. Eine koranische Grundlage dazu gibt es nicht, vielmehr wird auf zwei Quellen rekurriert:

> *[95:4]: Wir haben doch (seinerzeit) den Menschen in bester Form geschaffen.*

Aus der Sammlung starker *hadîthe* von *al-Bukhârî* wird zur Rechtfertigung folgender herangezogen:

> *„Fünf Dinge stehen in Übereinstimmung mit a-fitra* (Natur, Schöpfung, angeborene Naturanlage; Anmerkung des Verfassers)*: beschnitten zu werden, den Beckenbereich zu rasieren, die Haare aus den Achselhöhlen herauszureißen, den Schnurrbart kurz zu schneiden und die Fingernägel zu schneiden."*

An dieser Stelle soll nicht die Diskussion darüber geführt werden, ob der von Gott geschaffene Mensch einer Korrektur bedarf. Vielmehr – um wieder einen unzulässigen Vergleich zu anderen Religionen zu bemühen – hat die rituelle Bedeutung der Jungenbeschneidung eine ähnliche Bedeutung wie Kommunion und Konfirmation bei Christen, es ist ein **religiös fundiertes Familienfest**, von dem auch schulpflichtige Geschwister des Beschnittenen betroffen sind. Hieraus ergibt sich der Wunsch von Eltern, alle ihre Kinder an den Ritualen und häuslichen Feierlichkeiten teilnehmen und vom Schulunterricht an diesen Tagen befreien zu lassen.

Obwohl eine Teilnahmeverpflichtung am Unterricht der Erfüllung des staatlichen Bildungs- und Erziehungsauftrags dient, sollten Schulen davon ausgehen, dass dem Beschneidungsfest gegenüber der Unterrichtsverpflichtung größeres Gewicht zukommt, da ein Fernbleiben Einzelner den staatlichen Bildungs- und Erziehungsauftrag nur unwesentlich beeinträchtigen würde. Bei – im Einzelfall und auf Antrag – erteilter Unterrichtsbefreiung handelt es sich auch hier lediglich um eine Befreiung von der Anwesenheitspflicht. Deshalb bietet sich eine Lösung im Sinne praktischer Konkordanz an, mithin dem Antrag zu entsprechen. Denn die Schule kann ja wie bei jeder individuellen Beurlaubung verlangen, dass versäumte Unterrichtsinhalte nachgearbeitet werden.

Abmeldungen vom Biologieunterricht

Eher selten fragen Schulen an, ob Kinder und Jugendliche von einzelnen Unterrichtsfächern befreit werden können. Hintergrund kann die Empfehlung eines Imams an diese Kinder sein, den Biologieunterricht zu meiden, weil im Gegensatz zu Glaubensgrundsätzen von der Geschaffenheit der Welt durch *Allāh* in Schulen die Lehre von der Entstehung und Veränderung der biologischen Einheiten als Ergebnis eines Entwicklungsprozesses im Laufe der Erdgeschichte vermittelt werde. Es geht bei diesem Konflikt also um den klassischen **Widerspruch von Kreationismus und Evolutionstheorie.**

Bei schulischem Unterricht besteht grundsätzlich kein Eingriff in die Glaubensfreiheit von Schüler*innen, da es in den Fächern im Kern um eine **Vermittlung von Wissen und Tatsachen auf der Basis wissenschaftlicher Forschungsergebnisse** geht und nicht um eine religiöse oder weltanschauliche Bewertung von Fakten.

Auch ein Eingriff in das elterliche Erziehungsrecht liegt nicht vor, denn selbst wenn Eltern den Unterrichtsinhalten bzw. der Vermittlung von bestimmten biologischen Fakten aus religiösen Gründen ablehnend gegenüberstehen, werden durch die Wissens- und Methodenvermittlung die elterlichen Erziehungsmöglichkeiten im Hinblick auf bestimmte Einstellungen nicht beeinträchtigt. Biologische und weitere naturwissenschaftliche Erkenntnisse prägen zudem Gesellschaften, sie sind wesentlicher Teil kultureller Identität und beeinflussen überdies in hohem Maß menschliches Selbstverständnis sowie das Weltbild. Der Beitrag der Biologie zur Welterschließung liegt in der Auseinandersetzung mit dem Lebendigen, biologische Erkenntnisse haben für die Medizin und in den Bereichen Ernährung, Gentechnik, Biotechnologie und Umwelt hohe gesellschaftliche Relevanz, ungeachtet ihrer wirtschaftlichen Bedeutung bei technischen Anwendungen. Da die von der Natur ausgehende Achtung vor der Schöpfung und das Wissen, dass der Mensch seine Umwelt tiefgreifend beeinflusst, zugleich aber ein Teil davon ist, führt naturwissenschaftlicher Unterricht Schüler*innen zur Achtung vor dem Lebendigen und zur Verantwortlichkeit des Menschen für sein Handeln.

Der schulische Bildungsauftrag überwiegt mithin gegenüber dem elterlichen Erziehungsrecht, ein Anspruch auf Befreiung vom Biologieunterricht besteht daher nicht.

Staatliche vs. islamische Regeln

Die Einstellungen der von Ruud Koopmans, Wissenschaftszentrum Berlin, befragten Muslime, von denen 65 Prozent religiöse Regeln für wichtiger als Gesetze halten, werden von einem Teil der muslimischen Schüler*innen geteilt. Damit stellen sie sich in die Nähe von Neo-*Salafisten*, die staatliche Gesetze ablehnen. Zwar ist der **Islam keine Gesetzesreligion**, dennoch fassen ihn viele Muslime so auf. Für sie gibt es nur Erlaubtes und Verbotenes, also islamische Regeln, die man befolgen muss, um nicht in die Hölle, sondern ins Paradies zu kommen.

Der Koran enthält 6.348 Verse. Prozentual betrachtet weist er nur ca. 3,8 Prozent rechtliche Vorschriften auf, von denen 1,1 Prozent die Familie betreffen, 1,1 Prozent das bürgerliche Recht, 0,2 Prozent die Rechtsprechung und das Prozedere, 0,16 Prozent das Verfassungsrecht, 0,16 Prozent die Wirtschafts- und Finanzordnung, 0,4 Prozent Internationale Beziehungen und 0,7 Prozent das Strafrecht.

Wer dennoch den Islam als Gesetzesreligion betrachtet, verrät im Endeffekt den Geist des Koran, er negiert dessen Spiritualität und erschwert den Aufbau einer selbstbestimmten Beziehung zu *Allāh* (und zu seiner nichtmuslimischen Umgebung!). Zudem geht es im Koran auch um moralisches Verhalten, das sich jederzeit und jenseits von religiösen Regeln zeigen sollte. Wichtiger aber ist die nihilistische „Beigabe", staatliche Gesetze als nachrangig anzusehen.

Lösungen sind für Schulen deshalb schwierig, weil sie das Problem pluridisziplinär, d. h. durch Unterricht sowie mithilfe von Eltern, Imamen und Präventionsexperten und ggf. auch von Strafverfolgungsbehörden angehen müssten. In jedem Fall sollten sie sich bei diesem Konflikt von Personen oder Institutionen mit Expertise beraten lassen.

10. Islamischer Religionsunterricht geht alle an

Religion ist in der Jugend zwar insgesamt eine eher konstante Größe, steht laut Shell-Studie 2015 aber weiterhin nicht gerade im Zentrum ihres Wertesystems. Denn religiöse Rituale und Vorschriften aus vergangenen Zeiten schrecken viele Jugendliche ab, sie vermissen vielmehr oft Antworten auf wichtige Fragen ihrer Lebensführung. Die Mehrheit von ihnen gehört nach dieser Studie zwar einer Kirche oder Glaubensgemeinschaft an, an Gott zu glauben finden allerdings nur 38 Prozent der Jugendlichen mit christlicher Konfession wichtig. Bei muslimischen Jugendlichen sind es dagegen 81 Prozent. Konfessionslose Jugendliche bilden mit 23 Prozent immer noch eine Minderheit in Deutschland. EMNID konstatiert, dass Religion in der Beliebtheit der Unterrichtsfächer auf dem letzten Platz landet, obwohl Antworten der Jugendlichen auf ihre Fragen in Profile von Religionsunterrichte zu passen scheinen. Deren Ziele über die Konfessionen hinweg sind das Wecken und Reflektieren der Frage nach Gott, nach der Deutung der Welt, nach Sinn und Wert des Lebens, nach Normen für das Handeln des Menschen und dem Finden einer Antwort in dem jeweiligen Heiligen Buch sowie der Tradition.

Schulischer Religionsunterricht hat Verfassungsrang und ist Sache der Länder. Art. 7 Abs. 3 Grundgesetz (GG) bestimmt:

> *„Der Religionsunterricht ist in den öffentlichen Schulen mit Ausnahme der bekenntnisfreien Schulen ordentliches Lehrfach. Unbeschadet des staatlichen Aufsichtsrechtes wird der Religionsunterricht in Übereinstimmung mit den Grundsätzen der Religionsgemeinschaft erteilt".*

Der Verfassungsrang sichert Religionsunterricht in den meisten Ländern auch in den Zeiten als Bestandteil des Fächerkanons ab, in denen Forderungen laut werden, dass sich gesellschaftliche Entwicklungen in neuen Fächern konstituieren sollen (z. B. Gesundheits-, Verbraucher-, Daten-, Umweltunterricht).

Beim Religionsunterricht handelt es sich um eine **res mixta**, d. h. um eine gemeinsame Angelegenheit von Landesregierung und Religionsgemeinschaft. Die Länder haben dafür die sachlichen und personellen Voraussetzungen zu schaffen und zu finanzieren, die letztlich der Erfüllung kirchlicher Aufgaben dienen.

Islamischer Religionsunterricht (IRU) als bekenntnisorientierter Unterricht wird unspezifisch als religionspädagogisches schulisches Angebot für Muslime verstanden. Da der Islam aber kein monolithischer Block ist und es allein in Deutschland ca. 70 - 80 Organisationen und Strömungen innerhalb des Islam gibt, stellt sich die Frage, nach wessen Glaubensgrundsätzen IRU unterrichtet werden soll. Können DİTİB als Behörde der Republik Türkei, die Mitverantwortliche für IRU in NRW war und in Hessen ist, oder die Ahmadiyya Muslim Jamaat (neben DİTİB in Hessen verantwortlich) auch die Glaubensinhalte etwa nichttürkischstämmiger Sunniten, von Schiiten oder anderen islamischen Glaubensgemeinschaften zufriedenstellend vermitteln? Die Frage ist also, ob die Landesregierungen sich zukünftig bei Angeboten zum IRU vom „Modell EKD", also einem einheitlichen Religionsunterricht verschiedener Bekenntnisse, leiten lassen können.

Ähnliche Fragen beziehen sich auch auf die Lehrkräfte, die ungeachtet ihrer Herkunft und die ihrer Schülerschaft eingesetzt werden. Aus der Praxis sind Beispiele bekannt, in denen iranstämmige Eltern muslimischer Kinder und Jugendlicher mit Glaubensinhalten und (arabischstämmigen) Lehrkräften nicht einverstanden sind. Anders als die Evangelische Kirche Deutschlands (EKD) ein Mandat durch Staatsverträge hat, einen evangelischen Religionsunterricht und eben nicht getrennte lutherische, reformierte, calvinistische u. a. Angebote für Schulen vorzuhalten, gibt es Vergleichbares für den IRU (noch?) nicht.

Nach wie vor ist der **Umgang mit „heiligen" Texten** in IRU nicht abschließend geklärt. IRU muss schnellstens vergleichbare Qualitätsstandards anderer Religionsunterrichte entwickeln. Gemeint ist u. a. der unverzichtbare hermeneutische Umgang mit Texten jedweder Art, mithin im IRU auch mit Koran und *sunna*, bei denen exklusive Wahrheitsansprüche inakzeptabel sind.

Antworten auf zentrale Fragen werden angesichts der Vielfalt der religionspädagogischen Unterrichte nicht leichter. In allen diesen Unterrichten werden Kinder und Jugendliche für zwei Wochenstunden separiert, um zu lernen, dass sie andere kulturelle und religiöse Grundlagen haben als ihre Mitschülerinnen und Mitschüler und dass ihre Einstellungen und ihr Verhalten an eben diesen Grundlagen auszurichten sind. Dieses „Andere" betont eher nicht eine **Perspektive von Gemeinsamkeiten** oder Ähnlichkeiten, sondern mehr die Kohäsion der jeweiligen Subgruppe.

Zudem wird IRU nicht umhinkommen, sich der **Forderung nach Extremismusprävention** zu stellen. Hintergrund ist die befürchtete Anfälligkeit mancher junger Muslime in Deutschland für islamischen Extremismus sowie Antisemitismus. Die zahlreichen Anschläge und Übergriffe, die im Namen des Islam verübt werden sowie der Zulauf zu den Neo-*Salafisten* lassen diese Befürchtung zu, ungeachtet der Frage, ob *ǧihâdisten* neben der religiösen Dimension „ihren Nihilismus in die Verheißung des Paradieses uminterpretieren." (Olivier Roy 2016). Dieser Hintergrund mag Bayern darin bestärkt haben, keinen IRU nach Art. 7 Abs. 3 GG einzurichten, sondern einen Unterricht mit religionskundlichen Angeboten allein in staatlicher Verantwortung.

Unbestritten leben die allermeisten Muslime in Deutschland friedfertig ihren Glauben. Gleichwohl muss auch IRU aktiv jeder Form von Islamismus und islamistischem Extremismus radikal den Boden entziehen, gerade auch, weil hier junge Muslime gezielt die Übernahme von Verantwortung im Sinne der islamischen Morallehre lernen können.

Konflikte in Schulen und ihre Lösungen

Anfälligkeit für islamischen Extremismus

Extremismusprävention war als Aufgabe von IRU von politischer Seite bei der Einführung mit seinem religionspädagogischen Auftrag verknüpft worden, geriet dann deshalb einige Zeit in den Hintergrund, weil davon ausgegangen wurde, dass sich die **Anfälligkeit junger Muslime in Deutschland für islamischen Extremismus** dauerhaft mit Wertschätzung für die demokratische Grundordnung erledigen würde. Vor einigen Jahren hat der deutsche Schriftsteller, Islamwissenschaftler und Friedenspreisträger des Deutschen Buchhandels 2015, Navid Kermani, diese Erwartung ins Reich der Fabel verwiesen:

> *„Wer so tut, als ob Gewalt und Religion nichts miteinander zu tun hätten, der macht sich geradezu lächerlich. Der europäische Faschismus hatte seine Ursachen auch in der europäischen Geistesgeschichte, und ebenso hat die islamische Spielart des Faschismus Ursachen auch in der islamischen Religion – was natürlich nicht heißt, dass beides identisch ist".*

Deshalb gibt es die erwähnten universitären Weiterbildungs-programme für Imame sowie für religionspädagogisches und seelsorgerisches Personal in Moscheegemeinden. Ausbildungs-module sind neben anderen die Aufgaben eines Extremismus-beauftragten. Die Imame lernen Radikalisierungsprozesse junger Muslime möglichst frühzeitig zu erkennen und durch präventive Maßnahmen zu vereiteln.

Diese Aufgaben darf die Schule jedoch nicht Imamen allein über-lassen. Deshalb ist es naheliegend, vergleichbare Inhalte in IRU einzubauen, zumal aller Religionsunterricht nach Art. 7 Abs. 3 Verfassungsrang genießt und es nur schwer vorstellbar ist, dass staatlicher (Religions-) Unterricht Grundrechtsbestimmungen des GG aushebelt. Zudem ist es erklärtes Ziel des Faches, den Aufbau der jeweils eigenen religiösen Identität im Sinne kritisch-reflexiver individueller Bildung zu unterstützen. **IRU ist insofern Teil politischer Bildung**, indem er die Schüler*innen zu bewusstem Denken und verantwortlichem Handeln als religiöse Individuen sowie als Mitglieder der Gesellschaft befähigen soll.

Es wäre deshalb vornehme Aufgabe der gesamten Schule, nicht nur der Fachlehrkräfte für Religion, Bausteine von Extremismus-prävention in ein konzises Konzept zu überführen und dabei Ge-neralverdächte zu vermeiden.

Zulassung Bekenntnisfremder zum Religionsunterricht

Gelegentlich taucht an Schulen die Frage auf, ob auch Anders-gläubige am islamischen Religionsunterricht teilnehmen dürfen. Für Nordrhein-Westfalen sieht die Schulrechtssammlung BASS folgende Regelung vor, die so oder in Varianten für weitere Länder gilt:

„Die Zulassung anderskonfessioneller Schülerinnen und Schüler zum Religionsunterricht ist Sache der jeweiligen Kirche oder Religionsgemeinschaft. In der Regel entscheidet die Religionslehrerin oder der Religionslehrer in Übereinstimmung mit den Grundsätzen der jeweiligen Kirche oder Religionsgemeinschaft aufgrund einer schriftlichen Erklärung der Erziehungsberechtigten bzw. der religionsmündigen Schülerin oder des religionsmündigen Schülers. Gleiches gilt, wenn eine Schülerin oder ein Schüler keiner Konfession oder einer Konfession angehört, für die Religionsunterricht nicht erteilt wird."

Die **Praxis** zeigt, dass die Teilnahme Andersgläubiger an bekenntnisorientierten Religionsunterrichten dann unproblematisch ist, wenn deren Anzahl das Erreichen der Ziele des Religionsunterrichts nicht gefährdet. Mithin dürfen bekenntnisfremde Schülerinnen und Schüler auch im islamischen Religionsunterricht nur eine Minderheit bilden. Zudem unterliegen auch sie bei dauerhafter Teilnahme der Leistungsbewertung und den Versetzungsbestimmungen. Hingegen dienen Religionsunterrichte nicht dazu, andersgläubige Kinder und Jugendliche lediglich zu beaufsichtigen.

Die Schule sollte auf der Rechtsgrundlage ihres Landes eine Regelung für alle Religionsunterrichte treffen, die sie anbietet – sofern es eine solche Regelung noch nicht gibt.

Entzug der Unterrichtserlaubnis

Es ist schon häufiger vorgekommen, dass islamische Dachverbände bzw. Beiräte Lehrkräften für IRU die schulische Lehrerlaubnis mit den Argumenten entzogen haben, ihr Lebenswandel sei nicht „vorbildlich islamisch" oder ihr Unterricht stünde nicht in Übereinstimmung mit der islamischen Lehrmeinung der Beiräte.

Die Religionsgemeinschaften, nach deren Grundsätzen Religions-unterricht nach Art. 7 Abs. 3 GG erteilt wird, leiten hiervon ihr Recht ab, für den Hochschulbereich die **Lehrerlaubnis nihil obstat** und für den Schulbereich die **Unterrichtserlaubnis** missio canonica auf katholischer, vocatio auf evangelischer und *iǧaza* **auf islamischer Seite** zu erteilen oder aber wieder zu entziehen. Wohlgemerkt: In jedem Fall geht es bei einem Entzug gewissermaßen um Berufsver-bote ausgebildeter Religionswissenschaftler*innen oder -lehrkräfte für eines ihrer studierten Fächer.

In den drei genannten Religionen wird dies mehr oder weniger res-triktiv gehandhabt. Beispielhaft wird aus NRW die „Ordnung für die Lehrerlaubnis für den islamischen Religionsunterricht (Idschaza)" genannt, auf die die islamischen Dachverbände / Beiräte sich be-rufen. Sie bildet die Grundlage dafür, dass bei Einführung von IRU den Organisationen Gesinnungsschnüffelei vorgeworfen wurde. Dabei kann es ausreichen, als Lehrkraft von IRU das Bild eines barmherzigen und vergebenden Gottes zu vertreten oder Koran-exegese zu lehren, weil damit zugleich die religiöse Allmacht der Beiräte und Dachverbände infrage gestellt wird.

Es gibt einige Mut machende Beispiele dafür, dass durch **öffentlichen Widerstand und gelebte Solidarität** mit Betroffe-nen von einem Entzug der universitären Lehr- wie der schulischen Unterrichtserlaubnis abgesehen wurde. Beides sind die einzigen Mittel, die Erfolg versprechen – neben dem Rechtsweg.

11. Islamischer Konfliktstoff

Das aus religiösen Gründen getragene Kopftuch von Muslima ist ein **Zeichen religiöser Zugehörigkeit**, an dem sich dann die Geister scheiden, wenn es in speziellen Bereichen der Öffentlichkeit, insbesondere bei Bediensteten des Staates und in staatlichen Bildungseinrichtungen, getragen wird. Die „Kopftuchfrage" wird von Vertretern der Mehrheitsgesellschaft vielfach als Gradmesser für gelungene oder misslungene Integration gewertet, während das Kopftuchverbot auf muslimischer Seite als Beleg für die Ausgrenzung einer Minderheit von der Mehrheitsgesellschaft angeführt wird.

Das **Gebot des Kopftuchtragens für die Frau** wird vor allem mit drei Textpassagen des Koran begründet, die sich in den Versen 24:31, 33:53 und 33:59 finden sowie weiterhin in *hadîthen*. Begründet wird die Pflicht zum Kopftuchtragen innerhalb dieser Verse einerseits mit der Maßgabe, die Frauen sollten ihren *ḫimār* (ein Tuch) über den Schlitz ihres Kleides ziehen, andererseits mit dem Verbot, den eigenen Schmuck anderen Personen als den aufgezählten zu zeigen. Zudem gebiete der Islam nach allen islamischen Rechtsschulen, so Vertreter einer konservativen Richtung, das Einhalten bestimmter Bekleidungsvorschriften, und zwar für Mann und Frau. Der Frau sei danach geboten, ihre Blöße (*'awra*) zu bedecken.

Daraus folgern traditionsgebundene Muslime bis heute für Frauen, dass zugleich mit dem Verhüllen des Brustschlitzes des Kleides mittels des *ḫimār* auch das Tragen dieses *ḫimār* selbst oder einer modernen Variante von ihm wie z. B. des Kopftuchs geboten ist. Sie berufen sich dafür auf den Grundsatz, dass, wenn ein Ziel obligatorisch sei, zugleich auch das Mittel obligatorisch sei, das zur Erreichung dieses Zieles diene. Das im Koran genannte Mittel, um den Schlitz des Kleides zu bedecken, sei, so argumentieren sie, nun einmal der *ḫimār*; also sei auch dieser obligatorisch. Allerdings drängt sich die Frage auf, ob das im Koran genannte Ziel – Bedeckung des Dekolletés – unbedingt auch die zeitlich unbegrenzte Verbindlichkeit des dort genannten Mittels, nämlich des Kopfschleiers, bedeuten muss. Ein Teil der heutigen Muslime beantwortet diese Frage im Sinne eines Wandels.

Konflikte in Schulen und ihre Lösungen

Bei Konfliktlösungen der „Kopftuchfrage" ist mithin zu beachten: Nach herrschendem islamischem Rechtsverständnis handelt es sich bei der Verhüllung des weiblichen Haupthaares **ab Eintritt der Geschlechtsreife** um ein religiöses Gebot, dessen Befolgung **der freien Entscheidung der Frau** überlassen bleibt. Ein entsprechendes Gebot vor Eintritt der Geschlechtsreife besteht nach übereinstimmender Auffassung nicht.

Die selbstbestimmte Entscheidung der Frau für das Anlegen des Kopftuches ist ebenso zu respektieren wie der bewusste Verzicht einer Muslima hierauf. Dies betrifft sowohl das alltägliche gesellschaftliche Miteinander als auch z. B. das Arbeitsleben, in dem Einschränkungen der Freiheit zur Religionsausübung nur aus gewichtigen Gründen rechtlich zulässig sind.

Kopftuchtragen von Schülerinnen

Bei religionsmündigen Schülerinnen an öffentlichen Schulen muss deshalb von Schule und Elternhaus darauf geachtet werden, dass sowohl das Tragen als auch das Nicht-Tragen eines Kopftuches nicht zu **Ausgrenzungen** oder einem **Rechtfertigungsdruck** auf muslimische Mädchen führt. Eine Verhüllung des Gesichts bzw. des ganzen Körpers ist allerdings mit der offenen Kommunikation, die den Unterricht und den Erziehungsprozess in der Schule bestimmt, unvereinbar. Daher sind das Tragen von *niqab* und *burka* in der Schule unzulässig.

Unstreitig ist auch, dass dieses Zeichen von der Religionsfreiheit im Grundgesetz gewährleistet wird. Zwar kennt der Islam weitere Bekleidungsvorschriften, in den Schulen geht es jedoch um das Tragen von *higāb*, *himār*, *al-Amira* und der *schaila*, der Obergriff für diese Kopfbedeckungen ist *higāb*.

Religionsmündigen Schüler*innen steht es in Ausübung ihres **Grundrechts auf freie Religionsausübung** aus Art. 4 GG frei, Zeichen ihrer Religionszugehörigkeit zu tragen oder sich religiösen Vorschriften gemäß zu kleiden, soweit nicht gewichtige sachliche Gründe entgegenstehen. Das Tragen des Kopftuches kann daher nicht in Schulordnungen, Elternverträgen o. ä. untersagt werden, solche Festlegungen wären unwirksam.

Das elterliche Erziehungsrecht vor Eintritt der Religionsmündigkeit umfasst nach Art. 6 GG grundsätzlich auch, auf die Bekleidung ihrer Kinder Einfluss zu nehmen und diese mitzubestimmen. Insofern könnten Eltern ihre Töchter vor Eintritt der Religionsmündigkeit und auch vor der Pubertät zum Tragen des Kopftuches anhalten.

In den Fällen, in denen durch *niqab* oder *burka* das Gesicht bzw. der ganze Körper verhüllt wird, überwiegt der Erziehungsauftrag des Staates aus Art. 7 Abs. 1 GG gegenüber den Rechten der Schülerinnen aus Art. 4 GG sowie den Rechten der Eltern aus Art. 6 GG, so dass das Verbot der Verschleierung des Gesichtes oder Körpers verfassungsgemäß ist.

Im Interesse einer angemessenen Persönlichkeitsentwicklung der Kinder, der eine frühzeitige Betonung der Geschlechterrolle nicht förderlich wäre, **sollte in (Kitas und) Grundschulen das Tra-**

gen eines Kopftuches unterbleiben, zumal es auch nach islamischem Verständnis vor der Pubertät nicht als religiöses Gebot gerechtfertigt wird. In diesem Sinne wäre es wünschenswert, wenn auch die islamischen Verbände Eltern von Kindern im vorpubertären Alter entsprechend beraten.

In Anerkennung des grundsätzlichen Rechts von Schüler*innen an öffentlichen Schulen, Zeichen ihrer Religionszugehörigkeit zu tragen oder sich religiösen Vorschriften gemäß zu kleiden, sollten Schulen und Eltern im Sinne einer **Erziehungspartnerschaft** und gegenseitiger Toleranz darauf achten, dass das Tragen eines Kopftuches von Schülerinnen an weiterführenden Schulen nicht zur Ausgrenzung oder Aufgabe schulischer und gesellschaftlicher Ziele führt. Umgekehrt müssen sie gemeinsam sicherstellen, dass auch kein Rechtfertigungsdruck auf diejenigen muslimischen Mädchen ausgeübt wird, die nach Eintritt der Pubertät kein Kopftuch tragen. Kopftuchverbote in Schulordnungen o.ä. sind deshalb unwirksam.

Kopftuchtragen von Lehrerinnen

Für Lehrerinnen in öffentlichen Schulen hat das Neutralitätsgebot durch die Entscheidung des Bundesverfassungsgerichts vom 27. Januar 2015 (1 BvR 471/10, 1 BvR 1181/10) ein verändertes Verständnis erhalten. Danach ist ein pauschales Verbot religiöser Bekundungen an öffentlichen Schulen durch das äußere Erscheinungsbild von Lehrkräften mit Art. 4 Abs. 1 und 2 GG nicht vereinbar. Vielmehr müsse, um ein Verbot zu rechtfertigen, von einer äußeren religiösen Bekundung nicht nur eine abstrakte, sondern eine hinreichend **konkrete Gefahr der Beeinträchtigung des Schulfriedens** oder der staatlichen Neutralität ausgehen. Damit verstießen Schulgesetze der Länder, in denen eine Privilegierung zugunsten christlich-abendländischer Bildungs- und Kulturwerte oder Traditionen festgeschrieben seien, mithin gegen das Verbot der Benachteiligung aus religiösen Gründen (Art. 3 Abs. 3 Satz 1 und Art. 33 Abs. 3

GG) und seien daher nichtig. Entsprechend haben alle betroffenen Länder ihre Schulgesetze dieser Entscheidung angepasst.

Für öffentliche Schulen bedeutet dies: **Lehrkräfte aller Religionen und Glaubensrichtungen dürfen in jedem beliebigen Unterrichtsfach Symbole ihrer Religion zeigen**, mithin dürfen auch muslimische Lehrerinnen das sogenannte islamische Kopftuch in Schulen und in jedem Unterricht tragen.

Vollverschleierung von Müttern

Das Thema passt zwar in den Kontext „Kopftücher", ist aber insofern ein spezielles Thema, weil Schulen vom Elternrecht abgesehen zu Eltern nicht in einem Rechtsverhältnis stehen, das es ihnen erlauben würde, in deren Bekleidungsrechte einzugreifen, wie es beispielsweise Betrieben mit Dresscodes zugestanden wird.

Die Bewertung des Konflikts geht von der Annahme aus, dass vollverschleierte Frauen sich nicht davon überzeugen lassen, *niqab* oder *burka* für einen Zeitraum vor (männlichen) Lehrern zu lüften, mithin eine konkordante Lösung entfällt.

Das Bundesverfassungsgericht hatte bereits 1968 entschieden, dass jeder Einzelne darin geschützt wird, sein gesamtes Verhalten an seiner Religion auszurichten (BVerfGE 24, 236). Unter den Schutz des Grundrechts fällt dennoch nicht nur der private Glauben, sondern auch das öffentliche Bekenntnis zu der eigenen Religion. Dazu kommt die in Art.4 Abs.2 GG ausdrücklich erwähnte Religionsausübung, also die religiöse Betätigung. Hierzu zählen alle kultischen Handlungen wie Gottesdienst, Gebet, Einweisungen in religiöses Brauchtum etc. Auch das Tragen besonderer Kleidung, um seine religiösen Überzeugungen kundzutun, wird von Art.4 GG geschützt. Maßgeblich ist zudem, was nach dem Selbstverständnis der jeweiligen Religion oder religiösen Vereinigung von ihrer Religionsausübung umfasst ist.

Ob das Tragen einer *burka* oder einer *niqab* vom Grundrecht der Religionsfreiheit umfasst ist, hängt somit von ihrer Bedeutung für den islamischen Glauben ab. Die Verhüllung des Körpers hat seine Ursprünge zwar in vorislamischer Zeit, dennoch gilt die Verschleierung muslimischer Frauen weithin bei gläubigen Muslimen als direkt aus dem Koran ableitbar. Wie weit die Verschleierung reicht, steht in starker Abhängigkeit zu den regionalen Traditionen und der Frömmigkeit der Frau. Die Rechtsprechung anerkennt, dass eine Verschleierung ein religiöses Bekenntnis sein kann und bejaht dies für das Kopftuch. Das Tragen einer *burka* **im öffentlichen Raum** fällt damit in den Schutzbereich des Art.4 GG, soweit die Trägerin dies als verbindlich von den Regeln ihrer Religion vorgeschrieben empfindet.

Kurz und unbefriedigend: Es gibt **keine eindeutige Regelung zum Umgang mit Vollverschleierungen von Müttern in Schulen**.

Allerdings entschied das Bundesverfassungsgericht in dem bereits zitierten „Kopftuchurteil für Lehrerinnen" vom 27. Januar 2015 und damit in einem anderen Kontext (– 1 BvR 471/10 – 1 BvR 1181/10 –):

„Wird in bestimmten Schulen oder Schulbezirken aufgrund substantieller Konfliktlagen über das richtige religiöse Verhalten bereichsspezifisch die Schwelle zu einer hinreichend konkreten Gefährdung oder Störung des Schulfriedens oder der staatlichen Neutralität in einer beachtlichen Zahl von Fällen erreicht, kann ein verfassungsrechtlich anzuerkennendes Bedürfnis bestehen, religiöse Bekundungen durch das äußere Erscheinungsbild nicht erst im konkreten Einzelfall, sondern etwa für bestimmte Schulen oder Schulbezirke über eine gewisse Zeit auch allgemeiner zu unterbinden."

Das Bundesverwaltungsgericht hat in einem anderen Rechtsstreit entschieden (BVerwG 6 C 20.10 – 30.11.2011), dass die Ausübung der Religion im Schulbereich eine bereits ohnehin bestehende Gefahr für den Schulfrieden erhöhen könnte. Der „Schulfrieden" als Zustand der Konfliktfreiheit und -bewältigung ermöglicht erst den staatlichen Bildungs- und Erziehungsauftrag und einen ordnungsgemäßen Unterrichtsablauf. Dieser Schulfrieden kann jedoch beeinträchtigt werden, wenn ein religiös motiviertes Verhalten religiöse Konflikte in der Schule hervorruft oder verschärft.

Schulen können sich bei Vollverschleierungen von Müttern also ggf. auf eine **Gefährdung des Schulfriedens** berufen, müssen diese allerdings konkret nachweisen. Dieser Nachweis kann evtl. an Grundschulen leichter zu führen sein, wenn sich diese weigern, Kinder an vollverschleierte Frauen, die sich als deren Mütter ausgeben, zu übergeben.

Ein solcher Nachweis entfällt hingegen für Beratungsgespräche von Lehrkräften aller Schulformen mit Müttern. Hier stehen Vollverschleierungen einer notwendigen offenen Kommunikation sowie einer vertrauensvollen Zusammenarbeit entgegen.

Es wird empfohlen, dass sich Schulen eines Schulträgers mit diesem und untereinander über ein abgestimmtes Verhalten verständigen, bei dem die persönliche, gesellschaftliche und berufliche Integration der Schüler*innen das Handlungsinteresse bestimmt. Ob die Aufnahme eines Verbots von Vollverschleierungen von Müttern in eine Schulordnung für diejenigen Grundstücksflächen Bestand haben wird, in denen die Schule ihr Hausrecht ausübt, werden ggf. Gerichte zu klären haben.

Verhüllung und Koedukation im Sport- und Schwimmunterricht

Dem Wunsch mancher muslimischen Eltern, ihre Töchter vom koedukativen Sport- bzw. Schwimmunterricht befreien zu lassen, liegt das islamische Konzept der Körperbedeckung (*'awra*) zugrunde. Der **Schambereich** gewinnt nach Auffassung islamischer Rechtsgelehrter erst **nach Erreichen der Pubertät** an Bedeutung (siehe exemplarisch Sure 24:31).

Bei **Grundschulkindern** spielt der Gedanke der Koedukation im Sport- und Schwimmunterricht eine andere Rolle als vom Zeitpunkt der Pubertät an. Im Vordergrund stehen in der Grundschule das Erlernen sportlicher und sozialer Grundfertigkeiten, eines guten Sozialverhaltens sowie gleichermaßen grundlegende Erfahrungen von Abgrenzung und Distanz zum anderen Geschlecht wie Gemeinschaftlichkeit und Nähe. Gegenüber diesen Bildungs- und Erziehungszielen sowie der Integrationsaufgabe der Schulen müssen hier grundsätzlich die Glaubensfreiheit der Schüler*innen und das elterliche Erziehungsrecht zurücktreten, d. h. es besteht aus religiösen Gründen weder ein Anspruch auf getrennte Unterrichtung noch auf Befreiung vom Sport- und Schwimmunterricht.

Erst mit Beginn der Pubertät kann nach der Rechtsprechung des Bundesverwaltungsgerichts vom 25. August 1993 (– 6 C 8.91 –) im Einzelfall ein Anspruch auf Unterrichtsbefreiung bestehen, wenn ein koedukativ erteilter Sportunterricht für Schülerinnen muslimischen Glaubens zu einem Gewissenskonflikt führt.

Beim Schwimmen, aber auch bei anderen Formen des koedukativen Sports, sind **die weiterführenden Schulen** bei ausdrücklichen Einwänden von Eltern und Schülerinnen zunächst gehalten, den Sportunterricht durch geschickte Organisation geschlechtergetrennt durchzuführen. Ebenso kann eine Sport- oder Schwimmkleidung gestattet werden, die den Körper weitgehend verdeckt und die Leistungsfähigkeit der Trägerin nicht beeinträchtigt (sog. Burkini, vgl. Entscheidung des Bundesverwaltungsgerichts vom 11. September 2013 – 6 C 25.12).

Nur dann, wenn einer Schule eine solche Lösung aus organisatorischen Gründen (erforderliche Hallenzeiten, Anzahl von Sportlehrerinnen, eine zumutbare Lerngruppengröße u. ä.) nicht möglich und ein **Burkini** nicht zielführend ist, können muslimische Schülerinnen einen Anspruch auf Befreiung von der Teilnahme am koedukativen Sport-/Schwimmunterricht geltend machen. Dazu müssen sie einen objektiv nachvollziehbaren Gewissenskonflikt individuell glaubhaft darlegen können. Bei Schülerinnen etwa ab der Jahrgangsstufe 5 überwiegt dann ihre Religionsfreiheit gegenüber dem staatlichen Bildungs- und Erziehungsauftrag durch Sport- einschließlich Schwimmunterricht.

Eine **Befreiung** vom koedukativen Sport- bzw. Schwimmunterricht kann **nur auf Antrag** erteilt werden und stellt nicht zugleich eine Befreiung von allen Unterrichtsinhalten dieses Faches dar.

Schulen wie Eltern sollten aber beachten, dass Schulunterricht eingebunden ist in die Vielschichtigkeit und das soziale Gefüge der in Deutschland gelebten Gesellschaftsformen, die differenziert gelebt werden. Das bedeutet, dass im alltäglichen Zusammenleben überall und jederzeit Situationen anzutreffen sind, in denen Muslime mit freieren Wertvorstellungen konfrontiert werden, mit denen sie umgehen müssen. Nichts anderes gilt für staatlichen Sportunterricht.

Grundsätzlich ist eine **Befreiung vom Sport- bzw. Schwimmunterricht** – egal aus welchen Gründen – im Sinne der Bildungs- und Erziehungsziele der Schule sowie Erfolgen in der individuellen Schullaufbahn der Schüler*innen **nicht wünschenswert**. Daher sollte die Schule, damit möglichst alle Schüler*innen einer Lerngruppe am Sport- bzw. Schwimmunterricht teilnehmen können, ab dem 5. Schuljahr einen nach Geschlechtern getrennten Sport- bzw. Schwimmunterricht einrichten.

Um Bedenken und Befürchtungen muslimischer Eltern auszuräumen, ist es zudem oftmals sinnvoll, eine Vertrauensperson der Eltern zu Entscheidungen hinzuzuziehen. Dies gilt insbesondere für die Fälle, in denen die Einrichtung eines nach Geschlechtern getrennten Unterrichts aus schulorganisatorischen Gründen nicht möglich ist. Besondere Kleidung im Sport- und Schwimmunterricht, u. U. auch ein Kopftuch beim Sport, kann gestattet werden, solange die Sicherheit und Leistungsfähigkeit für keinen der Teilnehmer*innen beeinträchtigt wird.

Burkini-Verleih an Schulen

Kürzlich sorgte die Entscheidung eines Gymnasiums im Ruhrgebiet bundesweit für mediale Aufregung, weil ihr Schulleiter von Fördergeldern der Schule Burkinis gekauft hatte und diese im Schwimmunterricht der 5. und 6. Klassen muslimischen Mädchen zur Verfügung stellt. Er begründete seine Entscheidung damit, dass er keine religiösen Motive bedienen, sondern alle Kinder einer Jahrgangsstufe zum Schwimmen befähigen wolle. Und wenn einige Mädchen dafür einen Burkini benötigten und selbst nicht bezahlen könnten, bekämen sie ihn von der Schule geliehen.

Das Verbindende zwischen der Berufung auf religiöse Rechte und der Bereitstellung von Burkinis, ist, dass im Islam sportliche Betätigung jeder Art erlaubt und erwünscht ist. Hieran knüpfte der pragmatische Ansatz des Schulleiters an, der auf den ersten Blick sympathisch-pädagogisch ist, zumal er die **Bedeutung der Schule für die Entfaltung von Lebenschancen** unterstreicht und Schülerinnen sogar vor körperlichen Schäden bewahrt, die ggf. eintreten können, weil sie nicht schwimmen gelernt haben. Gleichwohl greift der Ansatz des Schulleiters zu kurz, denn Schulen haben auch die Aufgabe, ihre Schüler*innen an die Ausdrucksformen und Gewohnheiten anderer Menschen zu gewöhnen, denen sie täglich ausgesetzt sind oder mit denen sie Umgang pflegen. Dazu gehört auch der Anblick des anderen Geschlechts sowie – unter Wahrung von Schicklichkeit – sich selbst Blicken anderer auszusetzen.

> *„Für eine offene pluralistische Gesellschaft bedeutet der Dialog [...] eine Bereicherung. Dies im Sinne gelebter Toleranz einzuüben und zu praktizieren, ist eine wichtige Aufgabe der öffentlichen Schule. Das Vorhandensein eines breiten Spektrums von Überzeugungen in einer Klassengemeinschaft kann die Fähigkeit aller Schüler zu Toleranz und Dialog als einer Grundvoraussetzung demokratischer Willensbildungsprozesse nachhaltig fördern“. (BVerfG – 2 BvR 1693/04 – am 31.05.2006).*

Sollten andere Schulen die beschriebene Lösung ebenfalls favorisieren, läge der empfohlene Kompromiss darin, Burkinis in der besonders sensiblen Phase der Pubertät zur Verfügung zu stellen und gleichzeitig Gespräche mit den Schülerinnen und der gesamten Schulgemeinde über die Offenheit pluralistischer Gesellschaften zu führen.

Das Tragen der Gebetskappe im Unterricht

Neben koranischen Bestimmungen sehen manche Muslime auch **Gebräuche** zur Bekleidung als Teil ihres religiösen Lebensstils an und integrieren diese in ihre religiöse Praxis. Es geht also um die Frage, was religiös und was kulturanthropologisch ist. Zum Beispiel wurden Kopfbedeckungen wie Fez oder Turban in einem bestimmten Zeitalter der Geschichte von fast jedem orientalischen Mann getragen, um den Kopf warm zu halten. Diesem praktischen

Brauch wurde und wird bislang ein religiöser Charakter zuge-schrieben. Wir müssen also Koranverse befragen, was dort zur Kopf-bedeckung von Männern steht:

> *[7:26] Ihr Kinder Adams! Wir haben Kleidung auf euch herabgesandt, daß sie eure Scham verberge, und Schmuck. Aber die Kleidung der Gottesfurcht, die ist besser (als die Kleidung, die nur äußerlich die Scham verhüllt). Das ist (eines) von den Zeichen Allahs. Viel-leicht würden sie sich mahnen lassen.*

Diese Bestimmung lässt den Schluss zu, dass es keine explizite Vorschrift für Kopfbedeckungen muslimischer Männer gibt. Gleich-wohl hat sich in einigen Religionen der Brauch herausgebildet, dass Männer ihren Kopf bei religiösem Tun bedecken, so etwa Ju-den mit der Kippa und Muslime mit der Takke. Das bedeutet für muslimische Männer, dass sie die Takke beim Gebet aufsetzen.

Einen profanen Anlass für das Tragen der Takke gibt es dagegen nicht. Das Tragen der Takke im Unterricht sollten Schulen in das Tragen sonstiger Kopfbedeckungen von Jungen einordnen: Ent-weder werden Kopfbedeckungen generell erlaubt oder verboten. Wenn Schulen das Tragen von Kopfbedeckungen für Jungen wäh-rend des Unterrichts nicht wünschen, sollten sie dieses in ihrer Schulordnung regeln. Es gibt keinen hinreichenden Grund, beim Tragen der Takke im Unterricht auf religiöse Gebräuche Rücksicht zu nehmen. Kippas sind jedoch anders zu bewerten.

12. Koranexegese – ein Sakrileg?

Die Sprache des Koran ist **metaphorisch** und **elliptisch**, die Textsammlung steckt voller Andeutungen und Anspielungen. Der Koran ist weit davon entfernt, aus sich selbst heraus verständlich zu sein. Das führt eher zu der Frage, nicht ob, sondern wie der Koran als *Allāhs* unmittelbare Offenbarung gedeutet werden kann. Dabei müssen mehrere Aspekte beachtet werden: Zum einen muss geklärt werden, auf welchen Grundlagen die im Koran enthaltenen **Widersprüche** und **Mehrdeutigkeiten** seriös ausgelegt und evtl. ausgeräumt werden können. Zum anderen geht es darum, Koranauslegungen (*uṣūl al-tafsīr*) zu legitimieren. Als Grundlage hierfür beziehen sich Koranexegeten auf Koranvers 3:7.

Schließlich wird die Frage der Auslegung von Koranversen häufig in Zusammenhang mit der Frage nach einer Reform des Islam gebracht. Auf diese Grundsatzfrage wird an dieser Stelle nicht näher eingegangen, nur so viel: Wenn es um die Frage einer Reform des Islam geht, kann es nur um die Reform derjenigen Anteile gehen, die das islamische Recht *fiqh* ausmachen und nicht um die Anteile von Spiritualität und daraus resultierender Religionspraxis. Zudem ist es zentrale Aufgabe von Schulen, Kinder und Jugendliche und deren Kulturen und Religionen anzuerkennen, nicht jedoch, sich in Konflikte über innerreligiöse Richtungen und Reformen, Gebote und Verbote einzumischen und Partei zu ergreifen.

Die Methoden der Rechtsfindung sowie die Rechtsauslegungen bedienen sich verschiedener Interpretationsansätze:

(1) Die **apodiktische** Auslegung. Hier geht es um wortwörtliches Verständnis des Koran, also nicht darum, was unter seiner „Auslegung" zu verstehen ist.

(2) Die **textimmanente** Auslegung. Sie versucht die Deutung innerhalb des Verses, ggf. der Sure, zu finden.

(3) Die **systemimmanente** Auslegung. Hier werden zum Verständnis eines Verses / einer Sure der komplette Koran, mindestens weitere Suren und Verse, herangezogen.

(4) Die **historische** Auslegung. Sie wird bei historischen Sachverhalten, also etwa Fragen der medinensischen Gesellschaft, der Kleidung im arabischen Raum des 7. Jh. christlicher Zeitrechnung etc. angewendet.

(5) Die **teleologische** Auslegung. Sie fragt nach dem Zweck des Verses / der Sure.

(5) Die **philologische** Auslegung. Bei der philologischen Auslegung geht es um Sprache, Absicht, Übersetzung und Wirkungen des Geschriebenen oder Gesagten.

(6) Die **historisch-kritische** Auslegung. Sie berücksichtigt den Wandel religiöser Normen und geht insofern über den historischen Ansatz hinaus.

Grundlage für eine Exegese ist der zitierte Koranvers 3:7. Einigkeit besteht unter islamischen Rechtsgelehrten (*'ulama'*) darüber, dass keine Interpretation so weit gehen darf, dass der Ursprungstext negiert wird. Denn jegliche Exegese, auch wenn sie ggf. von drängenden Gegenwartsfragen ihren Ausgang nimmt, muss sich des ursprünglich in der „heiligen Quelle" Gemeinten vergewissern, wenn sie sich nicht in haltlose Spekulation versteigen will.

Allerdings gehört es zu schulischen Standards, Textanalysen im Unterricht durchzuführen. In der Schule müssen selbstverständlich und unverzichtbar hermeneutische Verfahren für Texte jedweder Art, mithin auch der für Koran und *sunna*, Grundlage sein, bei der exklusive Wahrheitsansprüche inakzeptabel sind. Dieses Selbstverständnis geht nicht mit einem Verzicht auf islamische Tradition einher, denn im Koran wie in der Tradition des Islam gibt es hinreichend Belege, Texte für alle Zeiten nicht einfach wörtlich zu übernehmen, sondern in ihren Kontexten zu bestimmen. Daraus folgern notwendigerweise Interpretationen. Sie sind nach dem Stand menschlichen Wissens und nach den jeweiligen sozio-politischen und kulturellen Umständen der entsprechenden Interpreten vorzunehmen. Ausdrücke und Verse haben durchweg mehrere Bedeutungsebenen, denn es handelt sich um Aussagen, die sowohl eine konkrete Bedeutung für ihre ursprünglichen Hörer gehabt haben als auch eine Bedeutung, die spätere Zuhörer aus ihnen herauslesen können. Diese Ebenen müssen jederzeit mit Texten in allen Unterrichten, auch im Islamischen Religionsunterricht, erkennbar gemacht werden.

Konflikte in Schule und ihre Lösungen

Weigerung, hermeneutische Verfahren anzuwenden

Hermeneutische Verfahren einzuüben und anzuwenden ist Auftrag aller Schulen. Das gilt ausnahmslos für alle Texte, mithin auch für „heilige" Texte in Religionsunterrichten. Im Islam kann es zu Verweigerungen einzelner muslimischer Schüler*innen kommen, weil der Koran nach ihrem Glauben als eine zwischen Gott und dem Propheten begründete und durch den Erzengel *Dschibrīl*/Gabriel überbrachte Kommunikation gilt, die unabhängig von Raum und Zeit Gültigkeit besitzt.

Die Lehrkräfte aller an der Schule unterrichteten Religionen sollten sich zusammensetzen und Standards für den Umgang mit religiösen Quellen vereinbaren, auch Unterrichtsstrategien dafür. Denn die Schule muss den **Unterschied zwischen Glauben und wissenschaftlichen Verfahren über Glaubensinhalte** klarmachen. Wer diesen Unterschied als Schüler*in nicht mitträgt, dem können Schulabschlüsse ab der Sekundarstufe I nicht erteilt werden. Dieser Standpunkt ist in Lehrerkonferenzen und gegenüber Schüler*innen und deren Eltern zu vertreten, ein Kompromiss im Sinne praktischer Konkordanz ist nicht erkennbar.

Vorwurf der Benachteiligung von Frauen

Schulen berichten immer wieder von Vorwürfen nichtmuslimischer gegen muslimische Schüler*innen. Diese kritisieren, dass Prostitution im Islam legal sei, Männer mehrere Frauen heiraten dürften und Frauen im Erb- und Zeugnisrecht benachteiligt seien.

Der im nächsten Kapitel beschriebene Konflikt „Ehe auf Zeit" ist der von den Schüler*innen unterstellte „legale Prostitution". Er bezieht sich auf Koranvers 4:24 und meint eine Form der Ehe, die auch bereits verheiratete Männer eingehen können und die vor dem Imam mit einem Ehevertrag geschlossen wird, der die Dauer (von einer halben Stunde bis lebenslang) sowie die jeweiligen Rechte und Pflichten beinhaltet.

In dem Kontext der Benachteiligung von Frauen wird zudem auf die Polygamie verwiesen, deren Grundlage Koranvers 4:3 bildet. Danach dürfen Männer bei **apodiktischer Koranauslegung** bis zu vier Frauen heiraten.

Schließlich verfügt das Erbrecht, dessen Grundlage Vers 4:11 bildet, dass ein Mann gleichviel wie zwei Frauen erbt. Und Sure 2:282 bestimmt, dass zwei Männer zeugen sollen, und wenn das nicht möglich sei, seien ein Mann und zwei Frauen erforderlich, weil sich eine der Frauen ja irren könne.

Zieht man hierfür die **historisch-kritische**, die **systemimmanente** und die **teleologische** Auslegung heran, wird für die Ehe-Sachverhalte deutlich, dass es als Folge der Kriege, die Mohammed führte, zahlreiche unversorgte Witwen (ggf. mit Kindern) gab. Hier räumt der Koran in diesem **historischen Kontext** Männern, die es sich wirtschaftlich dauerhaft leisten konnten, die Möglichkeit ein, ja, macht es ihnen ggf. zur Pflicht, weitere Frauen zu heiraten und diese gerecht und gleich zu versorgen und zu behandeln. Und denjenigen, die dazu dauerhaft nicht in der Lage waren, empfiehlt der Koran, sich für eine bestimmte Zeit dieser unversorgten Frauen anzunehmen.

Was das Erb- und Zeugnisrecht betrifft, waren Frauen zu Zeiten Mohammeds im **tribalistischen (Stammes-)System** rechtlos und erbten deshalb gar nichts, und Zeugnis ablegen konnten Rechtlose ebenfalls nicht. Deshalb waren diese koranischen Bestimmungen erste Schritte in Richtung Gleichberechtigung. Allerdings muss auch hierfür die historisch-kritische sowie die teleologische Auslegung zugelassen werden. Die apodiktische hingegen zementiert die Ungleichbehandlung.

Alle vier Beispiele, mithin auch die Ehe auf Zeit, machen deutlich, dass – allein um die Männerrolle nicht noch mehr zu überhöhen und gesellschaftliche Friktionen zu vermeiden – Koranexegesen zwingend sind. Allen Schüler*innen muss gesagt werden, dass die genannten Koranverse in der heutigen Zeit inakzeptabel und obsolet sind und es keine Rechtsgrundlage für heutige Männer gibt, sich darauf zu berufen.

Abgrenzung durch religiöse Profilierung

Ein Gespräch stößt an Grenzen und führt häufig zu hitzigen Debatten und Aggressionen, wenn muslimische Schüler*innen den Islam auf Kosten anderer Religionen profilieren, ihn als einzig wahr deklarieren und andere Auslegungen ablehnen:

> *[3:19]: Als (einzig wahre) Religion gilt bei Allah der Islam. Und diejenigen, die die Schrift erhalten haben, wurden – in gegenseitiger Auflehnung – erst uneins, nachdem das Wissen zu ihnen gekommen war. Wenn aber einer nicht an die Zeichen Allahs glaubt, ist Allah schnell im Abrechnen.*

Mit solchen Versuchen werden nicht nur Indoktrinationen aus Moscheen unreflektiert weitergegeben und Gläubige anderer Religionen diskreditiert, sondern es wird zudem eigene muslimische Identität beschworen.

Der religiöse, kulturelle und künstlerische Austausch zwischen unterschiedlichen religiösen Gemeinschaften war im Mittelalter im östlichen Mittelmeerraum ein häufiges Phänomen. Die Bibel entstand im Orient – Judäa, Ägypten und Persien sind einige ihrer historischen Schauplätze. Der Islam wiederrum entstand in einem von Judentum und Christentum geprägten Umfeld; und der Koran bezieht sich an mehreren Stellen auf den biblischen Text und setzt diese Themen und Gestalten als bekannt voraus.

Oft gehen Gespräche zwischen Judentum, Christentum und Islam, die sich alle drei auf den **Stammvater Abraham (*Ibrahim*)** berufen, nicht über Belangloses hinaus, obwohl es inzwischen zahlreiche christlich-jüdische Gesellschaften und Gesprächskreise sowie in gleicher Weise christlich-muslimische Gesellschaften sowie „Islamforen" gibt. Der interreligiöse Dialog, der dort stattfindet, ist nach wie vor jedoch ein Elitendialog, der nicht bei den Gläubigen ankommt. Der Wahrheitsanspruch, den jede abrahamische Religion hegt, ist die Grenze dieses Dialogs. Nicht verhandelbar sind auch das unterschiedliche Gottesbild sowie die Bewertung Jesu.

Für das Zusammenleben in einer multireligiösen Gesellschaft und in Schulen gibt es Wichtigeres als theologische Rabulistik: **gemeinsam zu handeln, Verantwortung zu tragen und sich gegenseitig zu akzeptieren** – was durchaus auf einer religiösen Motivation beruhen kann, aber nicht muss. Der Disput zwischen Schüler*innen ist mithin mehr als ein interreligiöser Konflikt, denn er beinhaltet gesellschaftliche Spaltpilze. Diese müssen Schulen durch ihre und anderer Erfahrungen sowie mit Unterstützung Dritter einzudämmen versuchen.

Verkürzung durch „christlich-jüdische Tradition"
In Schulen werden zunehmend Gegensätze zwischen einheimischen und muslimischen Schüler*innen damit befeuert, dass Einheimische den öffentlichen Sprachgebrauch von „christlich-jüdischer Tradition" aufgreifen, um Grenzlinien zwischen sich und der muslimischen Schülerschaft zu ziehen.

Die gewählte Formulierung ist eine **Anmaßung gegenüber Juden**, denn die hiesige Kultur ist zwar religiös geprägt, aber die reklamierte gemeinsame Tradition beruht in Deutschland vor allem auf Ausgrenzung, Entrechtung, Vertreibung und Ermordung von Juden bereits seit dem Mittelalter. Jüdisches Leben ist in Deutschland zwar seit dem 4. Jh. nachweisbar, aber christlich-jüdische Gemeinsamkeiten gibt es in Deutschland erst seit 1945, vorher herrschte mehr oder weniger ausgeprägter Judenhass.

Als zweiter Gedanke muss berücksichtigt werden, dass die Sprache des in Altarabisch (unter Einfluss von Syro-Aramäisch) verfassten Koran die meisten Koranübersetzer seit Jahrhunderten nicht mehr beherrschen und deshalb **philologische Fehler** perpetuiert werden.

Und schließlich steht der Text des Koran mit jüdischen und christlichen Traditionen in Verbindung und argumentiert mit deren Traditionen.

Zudem ist der **arabisch-islamische Beitrag zur Entwicklung Europas** hoch einzuschätzen, nicht nur auf dem Gebiet der Philosophie, und er beschränkt sich mit Bewässerungstechniken in Spanien, der Verwendung von Spitzbögen in der Architektur der Gotik und der Übernahme der indischen Zahlen (die wir aufgrund ihrer Vermittlung „arabisch" nennen) nicht auf den Bereich zahlenmäßig kleiner akademischer Gruppen. Für die Medizin ist Avicenna (*Abu Ali al-Husain ibn Abdallah ibn Sina*) zu nennen, der im 12. Jahrhundert von Gerhard von Cremona ins Lateinische übersetzt wurde und bis in die Neuzeit als medizinwissenschaftliche Referenz galt. Zeitgleich wurde in Toledo Avicennas philosophisches Werk *kitab ash-shifa* („Buch der Heilung") übersetzt, das Themen aus dem Bereich der Astronomie, Geometrie, Mathematik, Philosophie und Musik behandelt.

Diese kurze und damit auch verkürzende Darstellung macht dennoch eines deutlich: Zur Entwicklung Deutschlands und Europas gehört das Arabische als Wissenschaftssprache der islamischen Welt. Eine Ausgrenzung heutiger Muslime unter Hinweis auf christlich-jüdische Tradition unterschlägt ein wichtiges Kapitel deutscher, europäischer und Kontinente überschreitender Geschichte.

Lektion zum „Clash of Civilizations"

Wenn nichtmuslimische Schüler*innen den Muslimen in der Klasse vorhalten, der Islam wolle seine **Rückständigkeit** durch ein Wegbomben westlicher Zivilisation verdecken oder sie auf die **hohe Analphabetenrate** in islamisch geprägten Staaten verweisen, steht dieser Konflikt exemplarisch für die zunehmende Kluft zwischen „dem" Islam und „dem" Westen. In beiden Fällen steht ungenannt auch eine Koranauslegung auf dem Prüfstand: der Umgang mit „Schwertversen" und der islamische Selbstbildungsauftrag von Sure 96 sowie dem vermeintlichen *hadîth* „Strebe nach Wissen, sei es auch in China".

Was solche Zuspitzungen auf gängige Formeln verkennen, ist, dass es hierbei letztlich nicht um „koranische Fragen" geht, sondern um wirtschaftliches Gefälle sowie die vielfachen **Formen des Elends auf der Welt**, die auch Folge des Kolonialismus und des damit verbundenen Nationalgedankens und aktuell der Globalisierung sind. Zudem sind die islamische Staatenwelt und deren Gesellschaften keineswegs einheitliche Gebilde. Vielmehr sind sie vielfach gespalten und z. T. verfeindet, was sie auch im Namen und als gemeinsamer Nenner „des Islam" nicht gemeinsam politisch handeln lässt, erst recht nicht in Sachen Koranexegese.

Die durch zahlreiche militärische Niederlagen sowie die ökonomische und soziale Stagnation erfahrene Krise hält auch gegenwärtig an. Und diese in Ansätzen beschriebenen Problemfelder, zu denen auch **Modernitätsdefizite** gehören, haben Auswirkungen auf Wahrnehmungen, Einstellungen und Verhalten hier lebender Muslime.

Die mit dem Begriff „Clash of Civilizations" verbundene Theorie von Huntington impliziert Trennlinien und fragmentiert die Weltbevölkerung in einzelne Kulturen bzw. Zivilisationen. Der Gedanke von vertiefenden Konfliktlinien zwischen den Kulturkreisen impliziert auch, Kultur als ein geschlossenes System zu verstehen, das gewisse Charakteristika und Eigenschaften irreversibel aufweist. Als Beispiel dazu führt Huntington die „islamische Zivilisation" an, die eher dem Krieg zugeneigt sei als die „westliche Zivilisation".

Seine Theorie ist womöglich eine solche von **Neorassismus**, die es lohnt, in den einschlägigen Fachunterrichten hinterfragt zu werden. Denn Schüler*innen haben ein Recht darauf, sich durch Kenntnisse aus Vorurteilen zu befreien.

Auseinandersetzung mit der Säkularisierungsthese

Zunehmend häufiger wird in der Öffentlichkeit wie in Schulen die Frage diskutiert, ob Religionen nicht „verdunsten" und damit auch die Konflikte, die ihnen zugrunde liegen. Forschungsergebnisse lassen den vorsichtigen Schluss zu, dass die Säkularisierungstendenz, die hier gemeint ist und die in Westeuropa und den USA für Christen konstatiert wird, tendenziell auch auf den Islam zutrifft:

- Der Prozess der Modernisierung habe, so die Säkularisierungsthese, einen letztlich negativen Einfluss auf die Stabilität und Vitalität von Religionsgemeinschaften, religiösen Praktiken und Überzeugungen. Das bedeute nicht, dass dieser Prozess unausweichlich, unumkehrbar oder wünschenswert sei.

- Wenn Gesellschaften im Zuge der Modernisierung wohlhabender und sicherer werden, nehme der Bedarf für religiöse Werte, Glaubenssysteme und Praktiken ab. Bei Modernisierungsverzögerungen und Dissonanzen könne die soziale Relevanz von religiösen Orientierungen und Ritualen auch steigen. Dennoch gebe es keinen universalen Säkularisierungsprozess.

Die Annahme, dass mit fortschreitender Modernisierung der Gesellschaft eine **Privatisierung von Religion** einhergehe, wurde allerdings durch gesellschaftspolitische Entwicklungen der Gegenwart als brüchig entlarvt. So brüchig, dass zuletzt ihr prominentester Verfechter, Peter L. Berger, zugeben musste: Die Säkularisierungsthese ist falsifiziert worden.

Deshalb ist es ein Faktum unserer Zeit, dass Religionen neue Relevanz in Kontexten erhalten, die in Westeuropa und damit auch in Deutschland mit den Begriffen **Migration, Vielfalt der Religionen und Identitätsbildung in der Diaspora** beschrieben werden. Damit verbunden muss kein Rückfall in vormoderne Formen der Weltdeutung einhergehen, wohl aber die Bereitschaft, sich gegen Konkurrenten – also wohl in Form eines Marktmodells, nämlich ggf. mit allen finanziellen, personellen und strategischen Mitteln – durchzusetzen.

Das könnte aber auch an Schulen Fragen aufwerfen: Lässt sich in Zuwanderungsgesellschaften wie Deutschland Religionsunterricht noch rechtfertigen, bei dem Kinder und Jugendliche für zwei Unterrichtsstunden in der Woche separiert werden, um kulturelle, religiöse, ethnische, z. T. sprachliche und weitere Sonderheiten zu erlernen und zu vertiefen, die Teil ihrer identitären Subkultur sind? Fördert nach Konfessionen getrennter Religionsunterricht an öffentlichen Schulen Integration? Muss Religionsunterricht auch gesellschaftspolitische Aufträge wahrnehmen?

Alle diese Fragen sollten, wenn sie in Schulen diskutiert werden, nicht der Fachkonferenz Religion vorbehalten sein, denn deutlich wird an diesem Streit und weiteren Gesellschaftskonflikten, dass Lösungen nur langfristig durch Unterricht und Erziehung erzielt werden können, in deren Grundzüge Eltern eingebunden werden.

13. Traditionelle islamische Erziehung

Diejenige Population von Muslimen, auf die hier näher eingegangen wird, ist durch die Merkmale „ländliche Herkunftsregion", „geringe Bildung" sowie „traditionell-islamisches Religionsverständnis" markiert und beschreibt Besonderheiten einer nicht geringen Anzahl hier lebender Muslime, deren Integration und schulische Eingliederung besonderer Anstrengungen bedarf.

Die **Kennzeichen ihrer Erziehung** können mit hierarchisch, antiemanzipatorisch, patriarchalisch und traditionsorientiert beschrieben werden. Ziel einer Erziehung in diesem Sinne ist idealerweise das ehrerbietige, loyale und gehorsame Familienmitglied, das Eltern und Verwandten sowie älteren Geschwistern Respekt und Folgsamkeit entgegenbringt und die Familie unterstützt. Geschlechts- und Altersrollen sind durchweg **asymmetrisch** angelegt. Das traditionelle Männerbild entspricht einem Patriachat mit starren hierarchischen Strukturen und dem Vater als Hüter und Verteidiger der Familie. Ihm obliegt es, die **Familienehre** aufrechtzuerhalten. Sein Ansehen erarbeitet er sich anhand seiner Handlungen, die einen hohen Stellenwert innerhalb der Gemeinschaft einnehmen. Das gesellschaftliche Leben der Familie bestimmt überwiegend der Mann, alle Aktivitäten außerhalb des Haushalts und der Familie liegen in seinem Geltungsbereich. Demgegenüber wird der Frau die Rolle als Hausfrau und Mutter zugewiesen. Sie hat eine niedrigere Rangposition als ihr Mann und wird zu Gehorsam erzogen. Der Erhalt ihrer Ehre und die Einhaltung des strengen Normen- und Wertesystems sind die wichtigsten Säulen ihres Verhaltens.

Soziale Diskriminierung aus dem Umfeld ist Grund genug, unter allen Umständen die Ehre nach außen zu dokumentieren und ggf. wiederherzustellen, um die Achtung und den Respekt von Familie und Gesellschaft zurück zu erlangen. In überwiegend ländlich geprägten traditionell-islamischen Familien wird die Ehre eines Mannes als abhängig vom moralischen und respektablen Verhalten seiner weiblichen Familienmitglieder gesehen. Sittsames Verhalten der Frauen begründet die männliche Ehre. Deshalb fällt dem Mann die Aufgabe zu, die Frauen in seiner Familie zu kontrollieren und in der Öffentlichkeit dafür die Verantwortung zu tragen.

„Die Ehefrau stellt die größte Gefahr für die Ehre des Mannes dar, da sie es ist, welche die Ehre am nachhaltigsten ruiniert" (Norbert Falthauser) und selbst nicht wiederherstellen kann.

Die **Stellung der Frau im Islam** ist abhängig von der des Mannes. **Spirituelle Stellung:** Gleichheit von Mann und Frau in ihrer menschlichen Natur; gleicher „Kern" des Menschseins [vgl. exemplarisch Sure 7, Vers 189 sowie 30:21]; Gleichheit in spirituellen Pflichten sowie des Lohnes im Paradies. **Wirtschaftliche Stellung:** Recht der Frau auf Versorgung [2:233], auf Eigentum [z. B. Brautgeld, 4:4, 2:229], ein eher eingeschränktes Recht auf Erwerbsarbeit [33:33]. **Soziale Stellung:** eingeschränkte Freizügigkeit, auch von Ehefrauen; Verbot der proaktiven Polygamie [4:3]; Verbot der proaktiven Ehe auf Zeit [4:24]; Verhüllungsgebot in der Öffentlichkeit [24:31, 33:53 und 33:59]. **Rechtliche Stellung:** Frauen erben die Hälfte von dem, was Männer erben [4:19, 4:11]; es braucht im Streitfall doppelt so viele Zeuginnen als Zeugen [2:282], Nichtzulassung von Zeuginnen bei Kapitalverbrechen. **Sexuelle Stellung:** Frauen sind Männern ein Saatfeld, zu dem sie gehen, wann immer sie wollen [2:223].

Schließlich bestimmt im Islam der Mann die Religion der Familie, was es ihm erlaubt und einer Muslima verbietet, die Ehe mit einer Person einer anderen Buchreligion – Judentum, Christentum – einzugehen **(asymmetrische Endogamie)**. Im Vergleich zu den vielfältigen Pflichten des Mannes habe die Frau „lediglich" den Haushalt zu führen und die Kinder aufzuziehen. Deshalb sei es nur gerecht, wenn dem Mann mehr Rechte zugestanden würden.

Konflikte in Schulen und ihre Lösungen

Weigerung, die Fahrradtour mitzumachen

Zuweilen kann es vorkommen, dass sich einzelne traditionell erzogene Muslima weigern, Fahrrad zu fahren, auch dann, wenn sie sich auf einer Klassenfahrt befinden und ein Ausflug mit Rädern geplant ist.

Für „moderne" Sachverhalte wie das Fahrradfahren gibt es keine Grundlagen im Koran und den *hadîthen*. In diesen Fällen werden häufig *fatwās* herangezogen. Ein solches Rechtsgutachten ist z. B. von Ayatollah Ali Khameini, dem politischen und religiösen Führer des Iran, 2016 erlassen worden. Darin verbietet er Frauen, in der Öffentlichkeit und vor Fremden Fahrrad zu fahren. Das Radfahren „liefere die Gesellschaft der Verderbnis aus" und laufe auf diese Weise „der Keuschheit der Frauen zuwider", denn deren einzige „Rolle und Aufgabe" bestünde in „Mutterschaft und Haushalt".

Oftmals, wie in diesem Fall, erweitern *fatwās* willkürlich die Grenzen der islamischen Morallehre. Wenn Gläubige sie dennoch befolgen und z. B. Muslima auf einer Klassenfahrt nicht auf ein Fahrrad steigen wollen, gibt es durchweg keine Lösung im Sinne praktischer Konkordanz. Als einzige Argumentationslinie kann die Klassengemeinschaft herangezogen werden, der **Selbstausschlüsse** schaden.

Zwangsehen oder arrangierte Heiraten

Gelegentlich berichten Schulen, dass einzelne ihrer muslimischen Schülerinnen etwa nach den Sommerferien nicht wieder in der Schule erschienen sind. Freundinnen vermuten ihre konservativen Familien dahinter, die die jungen Frauen inzwischen in dem Herkunftsland ihrer Eltern oder Großeltern verheiratet hätten.

Dass solche Szenarien reale Hintergründe haben, bestätigte die Deutsche Islamkonferenz, die im April 2012 zu dieser Thematik eine „Erklärung gegen häusliche Gewalt und Zwangsheirat" veröffentlichte. Von besonderer Bedeutung ist dabei die Frage nach den *šarīʿa*-rechtlichen Regelungen zu dieser Thematik. Da die gesellschaftlich einflussreiche und traditionell ausgebildete islamische Gelehrtenwelt bis heute bei aller Auslegungsvarianz an der generellen Gültigkeit des *šarīʿa*-Rechts festhält, verbreiten sie diese Regelungen über ihre Publikationen, Predigten, Traktate sowie *fatwās*.

Der Koran sagt wenig bis gar nichts zu der Frage der Freiwilligkeit von Eheschließungen. Traditionell kommen islamische Ehen durch das „Angebot" (*iʿdschab*) der Familie des Bräutigams hinsichtlich der Brautgabe und deren vor zwei Zeugen besiegelten „Annahme" (*qabul*) durch die Familie der Braut zustande. Zwar betonen einige Überlieferungen, dass der Vater bzw. der Vormund der Braut sein Mündel nicht ohne dessen „Zustimmung" (*ridan*) verheiraten dürfe. Gleichwohl wird ein von *Jusuf al-Qaradawi* zitierter Brauch herangezogen, der zwar keine Rechtsqualität im Sinne des *fiqh*, schon gar nicht der *šarīʿa*, besitzt, wohl aber **Traditionalisten** als Gegenbeleg und islamische Quelle dient:

> *„Drei Dinge sollen nicht aufgeschoben werden: Das Gebet, wenn die Zeit dafür gekommen ist, die Beerdigung, wenn der Leichnam gekommen ist, und die*

Heirat einer Frau, wenn ein gleichgestellter Mann den Antrag machte."

Wie auch immer, mit oder ohne Zustimmung der Braut: Die Ehe ist nach herkömmlichem islamischem Verständnis traditioneller Muslime weniger eine individuelle, als vielmehr eine **Angelegenheit von Familie und Gesellschaft**.

Wenn also Schulen mit dieser Frage konfrontiert werden, haben sie lediglich die Möglichkeit, alle ihre Schüler*innen im Sinne von Art. 2 GG in der Frage freier Entfaltung der Persönlichkeit sowie der Wahrnehmung des Rechts auf Leben und körperliche Unversehrtheit zu bestärken und Hilfen zu Vereinigungen zu vermitteln, die Muslima in Not helfen. Geeignet erscheinen „HUDA Netzwerk Muslimischer Frauen" sowie das „Muslimische Forum Deutschland", deren Kontaktdaten findet man im Internet.

Verheiratete geflüchtete Schulkinder

Da Mohammeds Leben im Islam als vorbildlich und nachahmenswert gilt, kann es vorkommen, dass sich auch verheiratete geflüchtete Kinder in Schulen befinden. Denn Männer, die **Kinderehen** eingehen, berufen sich auf einen *hadîth* von *Muslim*, *Ṣaḥîḥ*, Band 2, und zitieren eine Aussage von *Aischa*, der Frau Mohammeds:

„Der Gesandte Gottes, Gottes Segen und Heil sei auf ihm, heiratete mich, als ich sechs (Jahre) war. Er führte mich in sein Haus, als ich ein Mädchen von neun Jahren war".

Der letzte Satz ist die Umschreibung des Ehevollzugs. In der Hauptsache sind **Mädchen Ziel von Kinderehen**, sie sind in **Krisenzeiten** besonders gefährdet. Durch eine frühe Heirat hoffen Eltern, ihre Töchter vor körperlichem Schaden und einem Verlust der Ehre zu bewahren. Laut Terre des Femmes kommt es in den

Flüchtlingslagern im Ausland zu einem wahren Heiratshandel. Wohlhabende Männer aus den Nachbarländern würden in die Camps reisen und den Familien Geld für eine Hochzeit mit ihren Töchtern bieten. Oft würden die Eltern in dem guten Glauben handeln, ihre Tochter durch die Heirat mit einem älteren und vermögenden Mann zu schützen – gerade, wenn der Familie nach einer langen Flucht das Geld ausgehe. Mithin spielen bei Kinderehen auch **Kriege und Armut** eine immer größere Rolle.

Die Folgen einer Kinderehe, die es **nicht nur im ländlich-traditionellen Regionen** gibt, die vom Islam geprägt sind, sind verheerend. Viele Mädchen brechen die Schule ab, werden ihrer Kindheit und ihren Freundinnen entrissen, erhalten keine Ausbildung und werden von ihren Familien und Gleichaltrigen isoliert. Kommt es in der Ehe zu Gewalt oder Misshandlungen, gibt es meist niemanden, an den sie sich wenden können. Viele der jungen Mädchen müssen ihre Zukunftsträume begraben und stehen stattdessen viel zu früh in der Verantwortung für eine Familie.

Das Bürgerliche Gesetzbuch (BGB) hatte **bislang** dazu für Deutschland in § 1303 bestimmt:

> *„(1) Eine Ehe soll nicht vor Eintritt der Volljährigkeit eingegangen werden.*
>
> *(2) Das Familiengericht kann auf Antrag von dieser Vorschrift Befreiung erteilen, wenn der Antragsteller das 16. Lebensjahr vollendet hat und sein künftiger Ehegatte volljährig ist".*

Inzwischen wurde die **Schutzverantwortung des Staates für das Kindeswohl** deutlich erhöht, denn eine Eheschließung ist nur noch möglich, wenn beide Heiratswillige volljährig sind. Zudem gibt es klare

Regeln für den Umgang mit Ehen, die von Minderjährigen nach ausländischem Recht geschlossen wurden. Das entsprechende „Gesetz zur Bekämpfung von Kinderehen" ist am 22. Juli 2017 in Kraft getreten. Nunmehr heißt der zentrale neugefasste § 1303 zu „Ehemündigkeit":

> *„Eine Ehe darf nicht vor Eintritt der Volljährigkeit eingegangen werden. Mit einer Person, die das 16. Lebensjahr nicht vollendet hat, kann eine Ehe nicht wirksam eigegangen werden."*

Nach weiteren Bestimmungen in dem Gesetz müssen die Jugendämter minderjährige unbegleitete Flüchtlinge in Obhut nehmen, auch wenn diese verheiratet sind. Damit wird die bereits verbreitete Praxis der Jugendämter bestätigt und gestärkt. Das Jugendamt prüft nach der Inobhutnahme, welche Schutzmaßnahmen erforderlich sind – insbesondere, ob der Minderjährige von seinem Ehegatten getrennt werden muss. Wer als Minderjähriger geheiratet hat, soll allerdings infolge der Unwirksamkeit oder Aufhebung der Ehe keine asyl- und aufenthaltsrechtlichen Vor- oder Nachteile haben. Zu diesem Zweck regelt das Gesetz zudem entsprechende Änderungen im Asyl- und Aufenthaltsrecht.

Schulen wird empfohlen, bei verheirateten Minderjährigen unverzüglich mit dem Jugendamt Kontakt aufzunehmen.

Abgrenzungen zwischen sunnitischen und schiitischen Schüler*innen

Zoff in Schulen, z. B. zwischen Marokkanern und Iranern, ist häufig kein ethnischer Konflikt. Vielmehr ist es oftmals ein Basiskonflikt zwischen einem unterschiedlichen Islamverständnis von Sunniten und Schiiten, der auch in Schulen ausgetragen wird. Ihm zugrunde liegt die Behauptung von Sunniten, Schiiten seien deshalb die schlechteren Muslime, weil sie den Koran für ihre Interessen instrumentalisieren würden:

[4:24]: Und (verboten sind euch) die ehrbaren Frauen, außer was ihr (an Ehefrauen als Sklavinnen) besitzt. (Dies ist) euch von Allah vorgeschrieben. Was darüber hinausgeht, ist euch erlaubt, (nämlich) daß ihr euch als ehrbare Männer, nicht um Unzucht zu treiben, mit eurem Vermögen (sonstige Frauen zu verschaffen) sucht. Wenn ihr dann welche von ihnen (im ehelichen Verkehr) genossen habt, dann gebt ihnen ihren Lohn als Pflichtteil! Es liegt aber für euch keine Sünde darin, wenn ihr, nachdem der Pflichtteil festgelegt ist, (darüber hinausgehend) ein gegenseitiges Übereinkommen trefft. Allah weiß Bescheid und ist weise.

Diese koranische Bestimmung nutzen insbesondere – verheiratete oder ledige – Muslime in schiitischen Ländern wie dem Iran und dem Libanon, um mit Frauen eine **„Ehe auf Zeit"** zwischen 30 Minuten und 99 Jahren einzugehen und diese von einem Imam besiegeln zu lassen. Verbreitet ist dieser „Brauch" besonders in Universitäts- oder anderen Großstädten, in denen Männer meist junge Frauen vor allem gegen Sex wirtschaftlich unterstützen. Dieses ist in den Augen vieler durch den Koran legalisierte Prostitution.

In diesem Kontext eher nachrangig ist die Information, dass die meisten dieser „befristeten Ehefrauen" nach Beendigung der „Ehe auf Zeit" die in schiitischen Staaten verbreitete Rekonstruktionsmedizin in Anspruch nehmen, um das islamische Erfordernis der Jungfräulichkeit vor Eheeintritt jedenfalls operativ wiederherzustellen.

Ein weiterer Vorwurf gegen Schiiten richtet sich auf die **Leugnung des Glaubens**, weil sich Schiiten weit häufiger auf *taqīyya* berufen als Sunniten:

> *[3:28]: Die Gläubigen sollen sich nicht die Ungläubigen anstatt der Gläubigen zu Freunden nehmen. Wer das tut, hat keine Gemeinschaft (mehr) mit Allah. Anders ist es, wenn ihr euch vor ihnen wirklich fürchtet. (In diesem Fall seid ihr entschuldigt.) Allah warnt euch vor sich selber. Bei ihm wird es (schließlich alles) enden.*

Taqīyya ist unter Schiiten ein geltendes Prinzip, wonach es bei Zwang oder Gefahr für Leib und Besitz erlaubt ist, rituelle Pflichten zu missachten und den eigenen Glauben zu verheimlichen. Um eine mögliche Legitimationslücke zu schließen, gilt *taqīyya* ihnen als „das Gute", mit dem man Böses abwehrt:

> *[28:54]: Die erhalten (dereinst) ihren Lohn doppelt (zur Vergeltung) dafür, daß sie geduldig waren. Und sie wehren (wenn ihnen etwas) Schlimmes (begegnet, es) mit (etwas) Gutem ab und geben Spenden von dem, was wir ihnen (an Gut) beschert haben.*

Es kann nicht Aufgabe von Schulen sein, sich in innerislamische Richtungsstreite einzumischen. Dennoch haben sie auch hier im Rahmen ihres Bildungsauftrags die Möglichkeit, Chancen und Distanzierungen religiöser, privater und politischer Bekenntnisse zu thematisieren und auf universelle Werte zu verweisen.

Vorwurf der Integrationsverweigerung

Dieser Vorwurf, der häufig an die Adresse von Muslim*innen gerichtet ist, wird auch in Schulen vorgebracht, wenn bestimmte Vorhaben, die sich die Klasse in der Mehrheit wünscht, unter Hinweis auf islamische Gebote nicht realisiert werden können.

Die Hauptfunktion der Religion in der **Diaspora** ist die Gewährleistung von Geborgenheit, Sicherheit und Beistand. In den Vordergrund tritt nicht der strafende Gott, der zu einem ethischen Verhalten verpflichtet, sondern bei Muslimen *Allāh,* der die Gläubigen schützt. Die Religion dient ihnen an erster Stelle als **Halt und Stütze im alltäglichen Leben** und nicht als Wegweiser für das Jenseits. Der erlösende Gott tritt deshalb in den Hintergrund.

Individualisierung ist ein notwendiger Schritt für gelingende Integration in eine demokratische Gesellschaft wie Deutschland. Der Islam stellt aber die Gemeinschaft der Muslime, die *umma*, in den Vordergrund und nicht das Individuum, sondern das Kollektiv, den **Kollektivismus**. Diese Gemeinschaft markiert ihre Spezifität durch die Befolgung religiöser Vorschriften, d. h. der *šarī'a*. Dieses Verhalten kennzeichnen Muslime als islamisch, „rechtgeleitet". Es prägt maßgeblich das traditionell-islamische Milieu und trägt dadurch zur **tendenziellen Integrationsverweigerung** bei. Der Zuwachs von Religiosität dieser Muslime in der Diaspora wird durchgängig von einem Rückgang von Integration begleitet. Diese Relation ist so lange wirksam, wie eine Trennung zwischen Weltlichem und Religiösem nicht vollzogen ist, d. h. bis die Säkularisierung auch den Islam / die Muslime erfasst. Zudem gibt es unter Muslimen ethnisch bedingte religiöse Unterschiede: Türkeistämmige und muslimische Araber leben den Islam in der Diaspora ausgeprägter als z. B. Menschen aus dem Iran oder Bosnien-Herzegowina.

Beides, gelebte Religiosität wie geringere oder größere Distanz zur Religion, lassen sich auch für die Gründerjahre der Bundesrepublik bei Deutschen nachweisen. Aus dieser – gesellschaftlich wie wirtschaftlich instabilen Zeit – wurzelt auch in Deutschen ein Großteil der heutigen politischen, kulturellen und gesellschaftlichen Institutionen, Strukturen, Einstellungen und Verhaltensweisen.

Die Zeitgeschichtsschreibung versucht den ambivalenten Charakter dieser Zeit in Deutschland zu verstehen und näher zu bestimmen und ermöglicht ggf. auch ein tieferes Verständnis für Muslime, die heute hier leben. Einerseits begannen in Deutschland ein demokratisches politisches System und eine Phase rasanter Veränderungen, die die Gesellschaft innerhalb kurzer Zeit zu einer noch nie vorher gekannten Modernität (und Ungleichheit!) führten. Andererseits gab es, trotz der Entnazifizierung, auch unübersehbare geistige und personelle Kontinuitäten, die damalige Eliten dazu veranlassten, Gegenwart und Zukunft durch den Blick auf das Gestern zu gestalten. Es gab eine „Volkskontinuität" (Lutz Niethammer), die auf „Bewährtes" rekurrierte, und zu deren vehementen Verfechtern die Kirchen gehörten, die sich gewissermaßen legitim auf die Wirksamkeit einer zweitausend Jahre zurückreichenden Geschichte als Gegenwartsgestalter berufen konnten.

Mit diesem Exkurs soll klargestellt werden, dass alles, was kulturell oder religiös konnotiert ist, zur Identität von Menschen gehört, und die trennen sich nicht allzu leicht davon, im Gegenteil, sie verstärken in der Diaspora oder in Zeiten, die sie als unsicher wahrnehmen, deren Einwirkungen auf sich. Zudem sind religiöse und kulturanthropologische Anteile von Verhalten kaum zu unterscheiden.

Lehrkräfte sollten dies bei Integrationsdefiziten, die als Konflikt in Schulen ausgetragen werden und sich gegen Muslime richten, berücksichtigen und als Argumente einbringen.

Schillernde Ehrbegriffe

Muslimische Schüler verwenden auf sich bezogen den Begriff der Ehre im Zusammenhang mit Stärke, Mut und Durchsetzungsvermögen, hinsichtlich ihrer Glaubensschwestern meinen sie dagegen Sittsamkeit, sexuelle Unberührtheit und „Reinheit" (!). Das führt in der Gesellschaft wie in Schulen dazu, dass die islamischen Ehrbegriffe als Manifestation der **Ungleichheit der Geschlechter** kritisiert werden, und der Ruf, sie zu hinterfragen, immer lauter wird, auch und gerade von islamischen Frauenrechtsbewegungen.

In Bezug auf Frauen wird die Ehre [türk.: *Namus* (guter Name, Achtung), der zentrale der vier Ehrbegriffe, zu denen noch *Şeref* (Ansehen), *Saygi* (Respekt oder Ehrerbietung) und *Sevgi* (Liebe) zählt] als soziale Kapitalform stilisiert. Soziale Diskriminierung aus dem Umfeld ist Grund genug, unter allen Umständen die Ehre wiederherzustellen, um die Achtung und den Respekt der Familie und Gesellschaft zurück zu erlangen. In traditionell-islamischen Familien wird die Ehre eines Mannes als abhängig vom moralischen und respektablen Verhalten seiner weiblichen Familienmitglieder gesehen. **Sittsames Verhalten der Frauen begründet die männliche Ehre**. Deshalb fällt dem Mann die Aufgabe zu, die Frauen in seiner Familie zu kontrollieren und in der Öffentlichkeit dafür die Verantwortung zu tragen, weil er ihre Ehre selbst nicht wiederherstellen kann.

> *„Die Ehefrau stellt die größte Gefahr für die Ehre des Mannes dar, da sie es ist, welche die Ehre am nachhaltigsten ruinieren kann" (Jan İlhan Kizilhan).*

In der traditionellen Ehrvorstellung hat sich die Frau vor jeglichen Männerkontakten zu schützen. In den meisten Familien wird diese Regel streng befolgt, da manche Frauen meist sogar in der eigenen Wohnung Männer, die nicht zur Familie gehören, meiden und sich in separaten Räumen aufhalten. Auch die Art der Kleidung, die Auswahl des Schmucks und das Tragen der Haare sind mit dem Ehrbegriff eng verbunden.

Ehrverständnis und Würde einer Familie sind insbesondere von der sexuellen „Reinheit" ihrer weiblichen Mitglieder abhängig, die Jungfräulichkeit einer Frau ist ausschlaggebend für die Ehre eines Mannes, sie muss bis zur Hochzeit gewahrt werden. Sollte sich herausstellen, dass die Frau „unrein" ist, kann sie „zurückgegeben" und der Brautpreis zurückverlangt werden (Kizilhan, S. 26). Damit wird die Frau auf den Wert einer Ware reduziert.

> *„Ein Mann ist wie ein Goldbarren und eine Frau wie ein Stück Seide. Wenn Gold schmutzig wird, dann wischt man es einfach ab. Aber wenn ein Stück Seide schmutzig wird, kriegt man es nie wieder sauber – dann kann man es genauso gut wegschmeißen"*
> *(Ayfer Yazgan, S. 26).*

Das Streben einer Frau nach einer guten Schul- oder Berufsausbildung, die Definition eigener Lebensvorstellungen und die oftmals damit verbundene Loslösung vom Elternhaus irritieren die traditionell-islamische Familie. Auch die Ablehnung bestimmter religiöser Traditionen oder eine Mischehe mit einem Andersgläubigen führen zu schweren Ehrverletzungen der gesamten Familie. Es ist selbsterklärend, dass Männer bzw. die patriarchalisch-islamisch dominierte Subgesellschaft das mit Mitteln konservativer Koranauslegung zu verhindern suchen, also unter Aussparung einer historisch-kritischen Dimension.

Für Schulen oder einzelne Lehrkräfte ist es schwierig, sich diesem Thema ohne kritischen Blick auf das **Geschlechterverhältnis** zu nähern, das in den 1950er und 60er Jahren in Deutschland durch die herrschenden Denominationen des Christentums festgeschrieben wurde. Dieser Blick könnte zu grundlegenden Diskussionen über gesellschaftliche Prägungen durch Religionen führen:

- Grundsätzlich hatte bis in die 70er Jahre hinein der Mann und Vater „die Verantwortung als Haupt der Ehefrau und der Familie". Wer das leugnete, stellte „sich in Gegensatz zum Evangelium und zur Lehre der Kirche", empörten sich die deutschen Erzbischöfe und Bischöfe (Deutsche Erzbischöfe und Bischöfe 1953). Auch für die etwas offenere EKD war die Ehe „Institution", „Keimzelle des Staates" und „Grundpfeiler der gesellschaftlichen Ordnung". Sie war zudem überzeugt, dass „die Unterordnung der Frau dem Mann gegenüber in der Ehe" ein „Wesenszug der christlichen Ehe" überhaupt sei.

- „Laßt euch nicht den Sinn verdrehen durch Schlagworte von Gleichstellung, die in Wirklichkeit unnatürliche Gleichmacherei bedeutet […]. Laßt euch nicht abdrängen vom Weg des wahren Frauenglücks, das da ist: Dienend zu herrschen…" (Fastenhirtenbrief vom 02.02.1953).

- „Haupt des Weibes aber ist der Mann. Die Frau lebt seinsmäßig, ihren geschöpflichen Fundamenten nach, aus dem Manne und um des Mannes willen […]. Die Frau, welche gegen das schöpfungsgemäße Verhältnis der Geschlechter rebelliert, das Zeichen der Abhängigkeit nicht mehr tragen und in gleicher Weise wie der Mann auftreten will, erlangt nicht etwa die Würde des Mannes, sondern geht […] der weiblichen Würde verlustig" (Gertrude Reidick).

Es kann reizvoll sein, die Geschichte der Bundesrepublik Deutschland auch unter den Aspekten der Entwicklung des Geschlechterverhältnisses und dem Einfluss der Kirchen auf die Gesellschaft zu betrachten.

14. Islamische Sexualmoral

Für Lehrkräfte als Faustregel: Die Sexualmoral des Islam und des Christentums unterscheiden sich lediglich in Details, der Islam ist tendenziell geringfügig liberaler. Dennoch gibt es Suren, auf die sich Muslime berufen, wenn sie Vorrechte für sich reklamieren, auch und gerade sexuelle Vorrechte [z. B. 2:228, 2:223 und 4:34].

Sexualität ist zunächst einmal etwas Individuelles; gleichwohl mögen eine internalisierte islamische Sexualmoral im Sinne der genannten Suren sowie verstärkende machistische Attitüden das Selbstverständnis und Rollenverhalten einiger männlicher Muslime dominieren. Dennoch gilt der *hadîth* nach *al-Bukhârî*:

„Befriedigung der sexuellen Bedürfnisse und die daraus resultierende Glückseligkeit der Ehepartner ist eine gegenseitige Pflicht".

Sexualität darf im Islam **nur zwischen Ehepartnern** gelebt werden [4:24]. Sie dient der Fortpflanzung und Befriedigung sowie dem Genuss. *Zinâ* bedeutet schwerwiegende (sexuelle) Sünde: Alle (vor- und) außerehelichen sexuellen Aktivitäten sind *zinâ* und somit für Mann und Frau verboten.

Als konfliktträchtige Sachverhalte werden genannt: Verhütung ist im Islam erlaubt, hingegen gilt Abtreibung als *harām*. Bei Homosexualität liegt der islamische Blick im Kern auf Männern, männliche Homosexualität ist als Verbot jedoch umstritten. Wer Homosexualität dennoch als unislamisch einstuft, beruft sich auf Koranvers 7:80 - 84.

Verbote betreffen den Sexualverkehr während der Menstruation und dem Fasten, Gruppensex, Voyeurismus, Sodomie, Nekrophilie, Inzest und Vergewaltigung. Daneben gibt es noch viele Differenzierungen, auf die alle an dieser Stelle nicht eingegangen wird.

Konflikte in Schulen und ihre Lösungen

Geschlechterungleichheit als islamisches Spezifikum?

Eine weitere Stoßrichtung insbesondere nichtmuslimischer Schülerinnen gegen mangelnde Emanzipation von Muslima zielt darauf, dass der Koran als Generallinie Geschlechterungleichheit festschreiben würde, denn islamische Männer

> *[4:34]: [...] stehen den Frauen in Verantwortung vor, weil Allah sie (von Natur vor diesen) ausgezeichnet hat und wegen der Ausgaben, die sie von ihrem Vermögen (als Morgengabe für die Frauen) gemacht haben [...].*

Was diese Schülerinnen vielleicht nicht im Blick haben, ist, dass Emanzipation nicht vom Himmel fällt und sich auch Frauen in Deutschland die Rechte, über die sie verfügen, alle über Jahrhunderte erkämpfen mussten und dass der Prozess noch lange nicht abgeschlossen ist. Wie sehr das Bürgerliche Gesetzbuch (BGB) und weitere Gesetze, die Rechtsprechung, die Kirchen sowie konservative Politiker nicht nur der Adenauer-Ära die damalige Gesellschafts- und Werteordnung prägten, verdeutlichen weitere Beispiele aus der Geschichte der Bundesrepublik:

*   **Haushaltsführung**: Frauen waren bis 1977 verpflichtet, den Haushalt zu führen. Sie waren „berechtigt", vor allem aber „verpflichtet, das gemeinschaftliche Hauswesen zu leiten". Zusätzlich waren sie zu Arbeiten „im Geschäfte des Mannes verpflichtet", soweit dies in ihren Verhältnissen „üblich" war (§ 1356 BGB). Dem Mann stand das letzte Wort „in allen das gemeinsame eheliche Leben betreffenden Angelegenheiten zu" (§ 1354). Wenn er sagte: Wir ziehen um, dann wurde umgezogen. Die Frau lieferte einen Scheidungsgrund, wenn sie nicht mitzog – und verwirkte damit auch ihr Recht auf Unterhalt.

- **„Elterliche Gewalt"** hatte allein der Mann: Er entschied über Namen, Konfession und Schule der Kinder. Er konnte verbieten, ob die Tochter studierte oder eine Lehre absolvierte. Selbst bei lebensbedrohlichen Situationen mussten Ärzte nicht auf die Mutter hören und operieren, sondern erst die Zustimmung des Vaters einholen.

- **Sorge- und Familienrecht**: Eine verwitwete oder geschiedene Mutter verlor das Sorgerecht für ihre Kinder, wenn sie sich neu verheiratete, ein Witwer oder geschiedener Mann hingegen nicht. Ausschließlich Kinder deutscher Väter, aber nicht die Kinder deutscher Mütter bekamen die deutsche Staatsbürgerschaft. Erkannte zum Beispiel ein Besatzungssoldat das Kind mit seiner deutschen Freundin nicht an, war dieses staatenlos (bis 1974). Bei fehlender Einigung der Ehepartner in wichtigen Erziehungsfragen stand dem Mann als dem „natürlichen Haupt der Familie" die letzte Entscheidung zu („Stichentscheid", bis 1959).

- **Vermögensbildung und Erwerbstätigkeit**: Nach der Heirat war das gesamte Vermögen der Frau „der Verwaltung und Nutznießung des Mannes unterworfen" (§ 1363) – egal, ob sie es in die Ehe mitgebracht hatte oder in der Ehe erwarb. Frauen durften bis 1953 kein eigenes Bankkonto eröffnen, und bis 1977 benötigten sie die Zustimmung ihres Ehemannes für eine Erwerbstätigkeit. Frauen durften nicht in organisierten DFB-Liegen Fußball spielen (bis 1970); sie durften nicht Schutzpolizistinnen (bis 1978) und Feuerwehrleute (bis 1995) bzw. in der Bundeswehr „an der Waffe" ausgebildet werden (bis 2001); der Verdienstunterschied von Frauen und Männern ist auch aktuell noch beträchtlich.

- **Schlüsselgewalt**: Die Frau war berechtigt, „innerhalb ihres häuslichen Wirkungskreises die Geschäfte des Mannes für ihn zu besorgen und ihn zu vertreten". Außerdem konnte „der Mann [...] das

Recht der Frau beschränken oder ausschließen." Er konnte ihr sogar die Schlüssel wegnehmen und das Haushaltsgeld streichen.

Schulen sollten nicht in den Tonfall der zitierten Schülerinnen verfallen, sondern ihren Einsatz darin sehen, uneingeschränkt alle Frauen darin zu unterstützen, sich zu emanzipieren. Alle sollten sich dafür einsetzen, Gleichberechtigung der Geschlechter endlich zu realisieren.

Sexuelle Verfügung über Frauen

Immer wieder werfen Nichtmuslime Muslimen ein „gestörtes Sexualverhalten gegenüber Frauen" vor. Diese Diskussionen werden – spätestens seit der „Kölner Silvesternacht" – auch in Schulen geführt.

Dabei gestalten Muslime ihr Verhältnis zu ihren Ehefrauen durchweg wie alle Menschen, es ist u. a. abhängig von eigener Sozialisation, von Milieu und Bildungsstand, von Erfahrungen mit Frauen außerhalb ihrer Familie sowie von **regionalen Bräuchen und Einflüssen**. Diejenigen, die den Islam jedoch traditionell verstehen und eine männliche Dominanz in ihrer Beziehung leben möchten, können sich dabei auf den folgenden Koranvers berufen:

> *[2:223]: Die Frauen sind euch ein Saatfeld. Geht zu (diesem) eurem Saatfeld, wo immer ihr wollt! Und legt euch (im Diesseits) einen Vorrat (an guten Werken) an! Und fürchtet Allah! Ihr müßt wissen, daß ihr ihm (dereinst) begegnen werdet. Und bring den Gläubigen gute Nachricht (von der Seligkeit, die sie im Jenseits erwartet!).*

Die erzieherische und unterrichtliche Aufgabe von Schulen liegt auf der Hand: Sie müssen die Auseinandersetzung mit der Männerrolle in unserer Gesellschaft thematisieren und dabei nicht auf die Geschlechterrollen im Islam verkürzen.

Homophobie

Zu manchen Milieus, nicht nur mit islamischem Hintergrund, gehört es dazu, sich homophob zu positionieren. Zur Homosexualität gibt es keine expliziten Grundlagen im Koran und den *hadîthen*. Deshalb fiel und fällt ihre Bewertung durch das *fiqh* unterschiedlich aus, je nach der Zeit und dem sozialem oder kulturell-künstlerischen Kontext. Allerdings scheint es im Islam Übereinstimmung darin zu geben, dass aktive Homosexualität bei Männern und Frauen als **„illegitimer Geschlechtsverkehr"** gilt und daher *zinâ* ist. Homosexualität wird mehrheitlich im Islam wie Alkoholismus, Ehebruch oder Apostasie als gesellschaftszersetzend und widernatürlich betrachtet, weil *Allāh* die Familie mit Vater, Mutter und Kindern als Kern einer „gesunden Gesellschaft" erschaffen habe.

Dagegen haben sich islamische Vereinigungen wie der „Liberal-Islamische Bund" ausgerichtet. Nach deren Auffassung ist eine homosexuelle Orientierung weder sündhaft noch krankhaft, sondern **Teil der Vielfalt der Schöpfung**, mit der *Allāh* Menschen zum gegenseitigen Kennenlernen auffordert. Dazu zitieren sie Koranstellen, die der homofeindlichen Einstellung Gelehrter und Gläubiger widersprechen. Dagegen folgten radikale Vertreter einem „falschverstandenem Islam", der historisch gewachsene Dogmatisierungen zur göttlichen Wahrheit erhoben hat.

Manche Jugendliche benutzen – ungeachtet ihres Religionsmerkmals – „schwul" als Schimpfwort und eine Sprache voller Gewalt, um ihre Verachtung gegenüber Homosexuellen auszudrücken. Mithin sind verbale und/oder physische Übergriffe gegen Homosexuelle kein genuin islamisches, sondern ein gesellschaftliches Problem, das in Fachunterrichten aufgearbeitet werden muss.

Schulen sollten in jedem Einzelfall reagieren und klarmachen, dass homofeindliche Koranverse nicht auf moderne Vorstellungen von Homosexualität übertragbar sind. Diese Theorien wurden in Gesellschaften entwickelt, in denen gleichgeschlechtliche Sexualität fast ausnahmslos mit Päderastie („Knabenliebe") gleichgesetzt wurde. Schulen, und hier besonders der Islamische Religionsunterricht, sollten die islamische Homosexuellenfeindlichkeit mithilfe der historisch-kritischen Koranexegese hinterfragen und ihren Schüler*innen damit den Boden für Homophobie entziehen.

Weigerung, am Sexualkundeunterricht teilzunehmen

Die Tradition der islamischen Rechtslehre zeigt, dass die Mehrzahl ihrer Vertreter relativ offen mit der schulischen Sexualerziehung umgegangen ist und auch heute noch umgeht. Das islamische Recht *fiqh* sieht deshalb auch kein grundlegendes Problem, das einen Dispens rechtfertigen würde, und religiöse Quellen dazu gibt es nicht. Dennoch gibt es Eltern, die sich weigern, ihr Kind am Sexualkundeunterricht teilnehmen zu lassen.

Das Wichtigste: Bei der schulischen Sexualerziehung besteht regelmäßig kein Eingriff in die Glaubensfreiheit von Schüler*innen jedweder Religion, da es in diesem Unterricht im Kern um eine auf Einstellung und Verhalten gerichtete Vermittlung von Wissen und Tatsachen wie z. B. zur Fortpflanzung, Verhütung, Krankheiten etc. geht und nicht um eine religiöse oder weltanschauliche Bewertung dieser Fakten.

Auch ein Eingriff in das elterliche Erziehungsrecht liegt nicht vor, denn selbst wenn Eltern den Unterrichtsinhalten bzw. der Vermittlung von bestimmten biologischen Fakten aus religiösen Gründen ablehnend gegenüberstehen, werden durch die bloße Wissensvermittlung die elterlichen Erziehungsmöglichkeiten im Hinblick auf bestimmte sexuelle Verhaltensweisen nicht beeinträchtigt. Der schulische Bildungsauftrag überwiegt gegenüber dem elterlichen Erziehungsrecht. Dazu entschied das OVG Münster: Jungen Menschen

„ein Grundwissen über biologische Vorgänge bis hin zu den Möglichkeiten der Krankheits- und Empfängnisverhütung vorzuenthalten [...], ist [...] mit der Werteordnung des Grundgesetzes und seinem Idealbild des frei und eigenverantwortlich handelnden Menschen unvereinbar".

Ein Anspruch auf Befreiung vom Sexualkundeunterricht besteht daher nicht. Um Konflikte hinsichtlich der schulischen Sexualerziehung im Vorfeld zu vermeiden, sollten Eltern rechtzeitig vorab über **Inhalte, Methoden und Medien des Sexualkundeunterrichts** informiert werden. Dies kann im Rahmen von Elternabenden oder Elterngesprächen stattfinden sowie durch entsprechende Elternmitteilungen. Die Schule ist jedoch nicht verpflichtet, sich mit Eltern in Fragen der Sexualerziehung abzustimmen. Im Unterricht selbst sollte aber Wert auf Sensibilität bei Formulierungen und dem Umgang mit Medien gelegt werden.

Interreligiöse Liebe

Muslimische Jungen, die eine nichtmuslimische Freundin haben, werden darauf i. d. R. nicht angesprochen oder gar bewundert, während umgekehrt die Freundschaft einer muslimischen Schülerin mit einem nichtmuslimischen Jungen z. T. heftig kritisiert wird. Wie so häufig bildet der Koran die Grundlage für die Kritik:

[2:221]: Und heiratet nicht heidnische Frauen, solange sie nicht gläubig werden! Eine gläubige Sklavin ist besser als eine heidnische Frau, auch wenn diese euch gefallen sollte. Und gebt nicht (gläubige Frauen) an heidnische Männer in die Ehe, solange diese nicht gläubig werden! Ein gläubiger Sklave ist besser als ein heidnischer Mann, auch wenn dieser euch gefallen sollte. Jene (Heiden) rufen zum Höllenfeuer (indem sie zum Unglauben und zu sündigen Handlungen auffor-

*dern). Allah aber ruft zum Paradies und zur Vergebung
durch seine Gnade. Und er macht den Menschen seine
Verse klar. Vielleicht würden sie sich mahnen lassen.*

Manche sozialen Gruppen und Religionen befolgen eine **asymmetrische Endogamie** im Sinne dieses Koranverses: Während für
bestimmte Gruppenmitglieder endogames Heiraten innerhalb der
eigenen Gruppe vorgeschrieben ist, dürfen andere Mitglieder auch
exogam, außerhalb der eigenen Gemeinschaft, heiraten. In solchen
Fällen werden die **Heiratsregeln** oft nach Geschlechtern unterschieden. So haben muslimische Männer das Recht, weibliche Angehörige
anderer „Buchreligionen", d. h. Christinnen und Jüdinnen, zu heiraten,
denn im Islam bestimmen Männer die Religion. Muslima dagegen ist
es verboten, einen nichtmuslimischen Mann zu heiraten, denn

*[4:141]: [...] Allah wird den Ungläubigen keine Möglich-
keit geben gegen die Gläubigen (vorzugehen).*

Auch wenn bei den beschriebenen Freundschaften unter Schüler*innen nicht von Heirat die Rede ist, wird der Weg dahin, nämlich Freund- und Liebschaften, bereits koranisch bewertet. Dabei

*„sind [es] nie Kulturen, die miteinander kommunizie-
ren, sondern immer einzelne Menschen, die ihre ganz
persönliche und individuelle Prägung haben. Darum ist
auch das Aufeinandertreffen von zwei Menschen immer ein einzigartiges Ereignis" (Jürgen H. Schmidt).*

In diesem Sinne sollten Lehrkräfte zu Toleranz und gegen Mobbing
arbeiten.

15. Was sind „Schwertverse"?

Der Koran enthält zahlreiche Aussagen, die sich für Gewalt aussprechen. Systematisch aufgelistet handelt es sich um die Koranverse 2:191, 2:216, 2:217, 3:10, 3:131, 3:178, 3:195, 4:34, 4:66, 4:74, 4:76, 4:89, 4:91, 8:12, 8:17, 8:50, 8:59, 8:60, 8:67, 9:5, 9:29, 9:30, 9:41, 9:73, 9:74, 9:111, 9:123, 17:16, 22:25, 26:201, 32:22, 33:26, 33:61, 34:51, 35:36, 36:8, 6:9, 36:10, 36:63, 36:64, 37:170, 37:171, 37:172, 37:173, 37:174, 37:175, 37:176, 37:177, 47:4, 48:29, 59:2, 59:3, 59:13, 61:4, 6:9, 68:15, 68:16, 69:30, 69:31, 69:32, 69:33, 76:4, 2:10, 2:90, 2:104, 3:151, 3:177, 4:15, 4:18, 5:33, 5:38, 5:45, 6:6, 7:4, 8:13, 8:14, 8:15, 8:16, 9:34, 9:35, 9:39, 10:13, 10:73, 13:34, 14:2, 16:88, 17:17, 17:18, 17:58, 18:53, 18:59, 19:98, 21:6, 21:15, 21:77, 22:19, 22:20, 22:21, 22:45, 22:57, 23:76, 23:77, 24:2, 25:26, 25:27, 25:36, 26:172, 26:213, 27:51, 28:58, 28:64, 28:81, 31:6, 31:7, 31:23, 31:24, 34:5, 34:38, 35:8, 36:31, 36:43, 36:44, 36:45, 37:82, 38:1, 38:2, 38:3, 38:8, 38:14, 38:59, 39:16, 40:70, 40:71, 40:84, 40:85, 41:2, 42:7, 43:55, 44:15, 44:16, 44:48, 45:8, 45:9, 45:10, 45:11, 46:20, 46:27, 47:27, 48:13, 48:18, 48:19, 48:20, 48:25, 50:36, 51:10, 51:11, 54:48, 54:51, 56:42, 56:43, 57:15, 73:11, 73:12, 73:13, 74:16, 74:17, 74:18, 74:19, 74:26, 74:27, 74:28, 74:29, 77:16, 84:11, 84:12, 111:1, 111:2, 111:3, 111:4, 111:5.

Der UN-Sonderberichterstatter über Religions- und Weltanschauungsfreiheit, Heiner Bielefeldt, hatte am 10. März 2015 seinen Bericht über „Gewalt im Namen der Religion" in Genf dem UN-Menschenrechtsrat präsentiert. Anlass seines Berichts war die besorgniserregende **Zunahme von Gewalt im Namen der Religion** und der oft vereinfachende Umgang mit ihren Ursachen. Gewalt im Namen der Religion hat viele Erscheinungsformen und viele Gründe: Gewaltexzesse des Islamischen Staats in Syrien und im Irak, Gewalt von Lord's Resistance Army (LRA) in Zentralafrika und Uganda, Gewalt gegen sexuelle Minderheiten in einer Reihe von afrikanischen Staaten, Gewalt gegen kritische Journalist*innen sowie Islamophobie in Westeuropa.

Oft wird allerdings der Eindruck vermittelt, Religion sei der einzige Grund für Gewalt. Soziale, wirtschaftliche oder politische Ursachen werden dabei oftmals ausgeblendet. Um Gewalt im Namen der Religion gesellschaftspolitisch einordnen zu können, müssen alle **Faktoren, die zur Gewalt im Namen der Religion führen**, gleichermaßen analysiert und verstanden werden. Gewalt im Namen der Religion führt häufig zu massiven **Menschenrechtsverletzungen**. Sie richtet sich gegen Menschen wie gegen Gemeinschaften. Sie existiert in Form von Gewalt gegen Individuen, Gewaltausbrüchen in Gemeinden, innerhalb oder zwischen religiösen Gruppen, in Form von terroristischen Attentaten sowie als diskriminierende Politik und staatliche Unterdrückung. Gewalt im Namen der Religion ist eine Reaktion auf aktuelle, menschengemachte Umstände und kein unabwendbares Naturphänomen. Gewalt im Namen der Religion ist auch nicht historisch in einer Religion angelegt, sondern Menschen entscheiden sich für sie und tragen daher die Verantwortung für sie.

Unter den verschiedenen Ursachen ist oft die **engstirnige Auslegung religiöser Texte** zu finden: Sei es, dass Christen die Bibel heranziehen, um Gewalt gegen sexuelle Minderheiten zu begründen oder um fragwürdige militärische Feldzüge der LRA zu rechtfertigen. Sei es, dass Muslime ganze Gemeinschaften ausrotten, weil sie meinen, sie würden im Sinne des Koran handeln. Alle „heiligen Quellen" sind tendenziell durch **Eigenreligiosität** und die **Perspektive der Berichterstatter** geprägt, was auf eine Begrenzung von „Interreligiosität" und grundsätzlichem Festhalten an den eigenen Vorstellungen hindeutet („**Alteritäts"- vs. „Gleichheitsmodell"**). Es kommen aber immer auch andere politische, gesellschaftliche und ökonomische Ursachen hinzu.

Mit diesen grundsätzlichen Hinweisen soll nicht die durch den Koran transportierte Gewalt kleingeredet oder relativiert werden: Aber alle diese Verse stehen in einem historisch-politischen Kontext und müssten mit Hilfe der Auslegungs- (Exegese-) methoden des Koran untersucht, bewertet und ihrer Zeit sowie ihren Zwecken zugeordnet werden.

Zudem verweist der Bericht auch auf Gewalt in den anderen monotheistischen Religionen hin. Auch im Juden- und Christentum steht am Anfang der Gotteserfahrung nicht nur das Wort; **am Anfang wütet auch dort die Gewalt**. Die ist eng mit dem Bund Gottes mit Moses verbunden. In ihm kommen jene Gebote zum blutigen Vollzug, die Gott selbst Moses anvertraut hatte: „Du sollst neben mir keine anderen Götter haben" und „Du sollst dich nicht vor anderen Göttern niederwerfen und dich nicht verpflichten, ihnen zu dienen." Schließlich bezeugt der Dekalog, dass Gott, der auf Einzigartigkeit und Unverwechselbarkeit besteht, ein eifersüchtiger Gott ist und darum jene, die ihm feind sind, bis zur vierten Generation verfolgen werde. Auch der Tanach, die Hebräische Bibel, kennt Dutzende Wortwurzeln, die ein gewaltsames Handeln bezeichnen: Häufig kommen z. B. die hebräischen Wurzeln für „Blut, Bluttat, Blutschuld" oder „vernichten, dem Bann weihen" vor. Das Verb für Morden wird jedoch deutlich von anderem Töten unterschieden. Und selbst das Neue Testament (Lucas 19) zitiert in der Lutherbibel von 1912 Gewalt:

> *„Doch jene meine Feinde, die nicht wollten, daß ich über sie herrschen sollte, bringet her und erwürget sie vor mir."*

Es ist das **Paradoxon von Liebe und Gewalt**, von Unterwerfung und Abstoßung, das in diesen „heiligen Quellen" zum Ausdruck kommt und das Franz-Johannes Litsch so beschreibt:

„Im Islam [...] erfährt derjenige alle Gnade und Barmher-
zigkeit des einen Gottes, der sich in allem bedingungs-
los seiner Allmacht und Gewalt, seinem einen Wort
(Koran), seinem einen Propheten (Mohammed), seiner
einen Gemeinschaft (Umma) und seinem einen Gesetz
(Scharia) unterwirft. Den Anderen droht die Strafe".

Konflikte in Schulen und ihre Lösungen

Gewalt als Gottesprinzip?

2010 wählten die Salzburger Festspiele das Motto: „Wo Gott und
Mensch zusammenstoßen, entsteht Tragödie." Dahinter stand der
Gedanke, dass die Religion des einen Gottes, also der Monotheis-
mus, die letzte Konsequenz des Mythos bildet – Götter wollen Op-
fer –, und Gott mache Opfer. Dass die „heiligen Bücher" aller drei
Buchreligionen Gewaltgeschichten auflegen, stellt den Gottesglau-
ben und den gesellschaftlichen Umgang miteinander auf kritische
Proben.

Die Einsicht in die Grundunterscheidung von Gott und dem
menschlichen Zugriff auf ihn – das ist das Thema, das auch Schulen behandeln müssen. Anders ausgedrückt: Es geht um das
Spannungsverhältnis von Gesellschaften zu fundamentalistischen
Wahrheitsbesitzern. Und es geht darum, den derzeitigen Strömungen innerhalb des Islam, die ausgeprägte geistig-religiöse Vielfalt und kulturelle Lebendigkeit nicht durch die **Deutungshoheit**
fundamentalistischer Gruppierungen überlagern zu lassen,
also letztlich um politische Bildung als Kernaufgabe von Schule.
Darin können Vertreter der Religionen eingebunden werden. Thematisiert werden sollten dabei Bilder der „heiligen Bücher", die i.
d. R. dekontextualisiert und auf ahistorische Momentaufnahmen

eingefroren werden. Wenn man dagegen die jeweiligen Kontexte beachtet, treten andere Aspekte hinzu. Das bedeutet nicht: Die Gewalt würde durch Kontextualisierung und Historisierung vermindert oder aufgelöst, aber sie wird dadurch in ein Netz von Bezügen eingespannt, die – nach Habermas – so etwas wie eine „diskursive Verflüssigung" herbeiführen. Damit ergibt sich die Chance, einen anderen Zugang zum Problem der Gewalt zu gewinnen, ohne seine bleibenden Irritationen zu negieren.

Offener Antisemitismus

Der Zentralrat der Juden warnt in regelmäßigen Abständen vor arabischem Antisemitismus. Seine Präsidenten sagen in dieser sowie sprachlichen Varianten seit Jahren, dass

> *„unter den Menschen, die in Deutschland Zuflucht suchen, [...] sehr viele aus Ländern [stammen], in denen Israel zum Feindbild gehört. Sie sind mit dieser Israelfeindlichkeit aufgewachsen und übertragen ihre Ressentiments häufig auf Juden generell".*

„Du Jude" rufen sich muslimische Schüler manchmal untereinander zu – es ist als Beleidigung gemeint, und diese und ähnliche rassistische und antisemitische Ausfälle nehmen offensichtlich auch in Schulen zu. Immer häufiger sind in Schulen Zeichen und Schriftzüge der türkischen Rechtsextremen, der Grauen Wölfe, auf T-Shirts, an Schlüsselanhängern und Ketten zu sehen. Drei Halbmonde symbolisieren Blut, Boden und Islam. Auch der türkische Neo-Osmanismus, der Nationalismus mit islamischen Elementen verbindet, breitet sich mit seinen Symbolen aus.

Allerdings ist **Antisemitismus ebenso ein alteingesessenes wie importiertes Problem**, mithin kein Alleinstellungsmerkmal von Muslimen, auch in anderen Milieus ist er stark ausgeprägt. So geht der Verfassungsschutz davon aus, dass lediglich zehn Prozent registrierter Übergriffe dem muslimischen, vornehmlich dem arabischen Milieu zuzurechnen sind, das Gros kommt aus der Mitte der Gesellschaft. Antisemitismus hat deshalb sehr unterschiedliche Ursachen, auch in muslimischen Communities. Studien belegen, dass anti-jüdische Tendenzen in Form von Antizionismus und/oder Antisemitismus etwa bei rechtsextremen Türken oder Arabern, deren Familien vom Nahost-Konflikt betroffen sind, sehr ausgeprägt sind. Auch Stereotype werden unreflektiert aufgegriffen, wenn etwa der „reiche Jude" als Ursache von Armut großer Teile der islamischen Welt herhalten muss und der zudem noch die Medien manipuliert. Generell scheint es auch bei manchen muslimischen Schüler*innen latent vorhandene antisemitische Ressentiments zu geben: Juden dienen als Sündenböcke und werden für das Gefühl der Ausgrenzung, für persönliche oder gesellschaftliche Probleme verantwortlich gemacht.

An dieser Stelle kann nicht näher auf Ursachen, Ausmaß und Folgen solchen Verhaltens eigegangen werden, es liegen zahlreiche Studien dazu vor. Vielmehr soll Schulen sowie einzelnen Lehrkräften der Rücken in der Einschätzung gestärkt werden, dass Unterricht allein nicht ausreicht, um gegen antisemitische Ausfälle anzugehen. Denn die Verachtung von vermeintlich Schwächeren, von Juden und weiteren Minderheiten sind ein Missbrauch der Freiheit.

Die International Holocaust Remembrance Alliance (IHRA – deutsche Übersetzung ist im Internet abrufbar) hat eine Definition für Antisemitismus mit elf Beispielen vorgelegt, die u. a. von der Bundesregierung geteilt wird. Lehrkräfte sollten bei Übergriffen mit Betroffenen und Verursachern in den Dialog treten. Grundlage könnte der Text der IHRA sein, und die Dringlichkeit unterstreicht die Antwort der Bundesregierung auf die quartalsweise Abfrage von Abgeordneten: Die Zahl gemeldeter antisemitischer Straftaten hat bundesweit im ersten Halbjahr 2018 deutlich zugenommen. Gegenüber dem Vorjahreszeitraum stieg sie von 362 auf 401 – ein Anstieg um 10,7 Prozent, die Dunkelziffer nichtgemeldeter Übergriffe nicht eingerechnet.

Wenn eine Schule argumentativ nicht weiterkommt, sollte sie zuletzt auch schulrechtliche Maßnahmen prüfen, die geeignete auswählen und konsequent anwenden, selbst bei Delikten unterhalb der Strafbarkeitsgrenze. Solche Maßnahmen werden Einstellungen zwar nicht verändern, aber deutlich machen, dass Schule als Teil einer offenen und pluralen Gesellschaft nicht bereit ist, Diskriminierungen Dritter ungestraft hinzunehmen, auch und gerade nicht Antisemitismus. Selbst strafrechtlich relevante Anzeigen sollten nicht von vornherein ausgeschlossen werden.

Diskurs als Pattsituation

Aus Erfahrung erscheint es nicht ratsam, sich als Lehrkraft auf eine Diskussion einzulassen, was der Koran und die *hadîthe* zu Einzelfragen sagen. Hier stößt ggf. geringes Wissen auf Lehrerseite auf eher geringere Kenntnisse auf Schülerseite, trotz gegenteiliger Behauptungen. Zudem eignet sich der Koran nicht, mithilfe einzelner Suren Verteidigungslinien aufzubauen. Dazu enthält er zu viele Widersprüche, die erst in seinem Gesamtkontext gedeutet werden können.

Wenn außerdem die Positionen „pro westliche Werte" gegen dogmatisch-fundamentalistische Auffassungen vertreten werden, kommt es i. d. R. zu einer Pattsituation, in der jede Seite auf ihrem **absoluten Geltungsanspruch** insistiert. Hier findet keine echte argumentative Auseinandersetzung über Grundsätzliches statt, die zu einer überzeugenden Entkräftung der islamistisch-fundamentalistischen Position führen könnte. Natürlich wird der Fundamentalist kritisiert, aber dabei werden eigene **dogmatische Ein-**

stellungen geäußert, die erkenntnismäßig wertlos sind, weil die Position „pro westliche Werte" ebenfalls als die definitiv wahre bzw. richtige kommuniziert wird; im Licht dieser Voraussetzung aber erscheinen alle davon abweichenden Auffassungen automatisch als eindeutig falsch bzw. unrichtig. Und der dogmatische islamische Gewaltverfechter verfährt genauso. Für diesen Kritikstil steht das Ergebnis von vornherein fest: Die absolute Sicherheit, welche die dogmatische Einstellung verleiht, ist daher zunächst einmal als eine bloß behauptete Sicherheit zu betrachten, da einander entgegengesetzte Parteien über sie zu verfügen glauben.

Aus dieser Pattsituation gibt es wohl eher keinen Ausweg. Denn werden beide Positionen als unumstößlich gültig betrachtet, bleibt man **im dogmatischen Kritikstil gefangen**: Die jeweilige Seite fühlt sich bestätigt, kann aber nichts vorbringen, was nicht schon die Richtigkeit der eigenen Grundannahmen voraussetzt. Deshalb sollten solche grundlegenden Diskussionen eher nicht geführt werden, ihr Misserfolg steht vorher bereits fest.

Eine Auflösung der Pattsituation kann ggf. durch gründliche unterrichtliche Behandlung etwa folgender Fragen erreicht werden: Wo verlaufen Widerspruchslinien zwischen Ideologie und „heiligen Quellen"? Gibt es einen Unterschied zwischen Religion und religiösem Wissen, also dem menschlichen Verstehen des Göttlichen?

16. Der Umgang mit „Schwertversen" – die Methode der Abrogation

Der Wortlaut des Koran besteht aus den Offenbarungen, die Mohammed zwischen 610 und 632 christlicher Zeitrechnung zunächst in Mekka, später dann in Medina (etwa zwischen 622 – 632) erhalten hat. Das heißt zunächst einmal: **Der Koran ist nicht „aus einem Guss"**, er wurde zu unterschiedlichen Zeiten und in unterschiedlichen historisch-politischen Kontexten zunächst mündlich wiedergegeben. An dieser Stelle geht es um die Offenbarungen zwischen 622 und 632.

Es ist im Islam weitgehend akzeptiert, dass Mohammed, der nicht lesen und schreiben konnte, Schreiber beauftragte, u. a. seinen Sekretär *Tayd Ibn Thabit*, seine Offenbarungen niederzuschreiben, andere wurden aus der Erinnerung aufgeschrieben oder Weitererzähltes zu späteren Zeiten schriftlich verfasst. Und unter dem dritten Kalifen *Uthmân* (644 – 656) wurde eine verbindliche Sammlung von Suren festgelegt. Jedoch lassen die jüngst bekanntgewordenen Koranhandschriften aus dem Jemen, die auf das 1. Islamische Jahrhundert zurückgehen, darauf schließen, dass selbst in der Nach-*Uthmân*-Zeit ein einheitlicher Wortlaut des Koran nicht gewährleistet war.

Da jedoch der Konsonantentext in den ältesten koranischen Handschriften nur wenige diakritische Zeichen aufwies, waren **philologische Fehler programmiert**. Das führte dazu, dass *Ibn Mugahid* (gestorben 936 christlicher Zeitrechnung) sieben unterschiedliche Lesarten (je eine aus Mekka, aus Medina, aus Damaskus, aus Basra und drei aus Kufa) als verbindlich festlegte. Und erst 1924 wurde die erste Koranausgabe in Kairo gedruckt.

Die medinensischen Prägungen sind in mehrfacher Hinsicht auch für den Koran bedeutsam: Zum einen war es diese Zeit, in der auf Veranlassung Mohammeds begonnen wurde, seine Offenbarungen aufzuschreiben. Zum anderen ist die Zeit in Medina geprägt von der Flucht Mohammeds und seiner Gefährten aus Mekka. Die *hiğra* genannte Flucht veränderte die Gesellschaft dieser Region von einer bestehenden Stammeskultur in eine solche mit religiöser Basis. Medina entwickelte sich in einem Prozess zur „Konstitution von Medina", die mit der Begründung der *umma* in dieser Zeit im arabischen Raum theologisch, politisch-kulturell und sozial prägend war. Fundamentalistische Strömungen leiteten damals wie heute für die Konstruktion ihrer Ideologie die Legitimation ab, der **theozentrische medinensische Gedanke** dient mithin als überzeitliches Modell.

Ein weiterer Unterschied zwischen der mekkanischen und medinensischen Ära sind die bereits genannten **Kriege zur Ausdehnung des Islam**, die unter Mohammed geführt wurden und die in die Sprache des Koran eingegangen sind. So kann zumindest ein Teil der Koranverse relativ sicher als medinensisch identifiziert werden. Als Anhaltspunkt gilt: Jeder Koranvers, in dem eine Auseinandersetzung mit Juden und Christen vorkommt, ist medinensischen Ursprungs. Zu den medinensischen Koranversen gehören auch Verse mit *šarīʿa*-Normen, dem *ğihād*, mit Kommentaren über Kriege, der Aufteilung der Beute und solche, die sich mit Heuchlern (*munafiq*) sowie mit Angelegenheiten des Regierens und dem Einhalten von Koran und *sunna* beschäftigen. Es gibt Internetsites, auf denen nachzulesen sind, welche Sure eher als mekkanisch und welche eher als medinensisch gilt.

Die **Fülle widersprüchlicher Aussagen im Koran,** von denen die Ungleichartigkeiten zwischen mekkanischer und medinensischer Zeit nur einen Teil ausmachen, hat im islamischen Rechtsverstehen zur Methode der **Abrogation** geführt. Das ist zwar keine Auslegungsmethode, aber doch eine Methode, möglichst konzise damit umzugehen, dass das, was der Koran (und auch die *hadîthe*) an der einen Stelle verbietet, er an anderer Stelle ausdrücklich einfordert – und umgekehrt.

Mithin wird unterschieden zwischen aufgehobenen Rechtsbestimmungen, die zwar **immer noch Bestandteil des Koran** sind, aber keine juristische Gültigkeit mehr haben und solchen, die diese ersetzt haben. Die Rechtsschulen stimmen in dieser Frage nicht immer überein.

Konflikte in Schulen und ihre Lösungen

Rechtfertigung von islamistischem Terror

Was den Zusammenhalt der Gesellschaft am meisten gefährdet und zudem die gesellschaftliche Akzeptanz des Islam massiv behindert, sind islamistische Terroranschläge. Durchweg reklamieren der IS und vergleichbare *salafistische* **Organisationen** Tod und Verletzungen von Menschen als ihr Werk.

Manche muslimische Jugendliche, auch Schüler*innen, äußern Schadenfreude und rechtfertigen – wie z. B. im „Fall Charlie Hebdo" – diese Aktionen. Andere behaupten dagegen „Das ist nicht Islam!". Daraus ergibt sich zwangsläufig die Frage **religiöser Legitimität** und schulischer Reaktionen.

Die Befürworter rekurrieren auf die medinensischen „Schwertverse", und auch deren Gegner berufen sich auf den Koran. Schon klassisch ist dabei der Bezug der einen, der medinensischen Seite, auf Koranvers 2:191 und der mekkanischen auf 5:32:

[2:191]: Und tötet sie, wo immer ihr sie trefft, und ver-treibt sie, von wo sie euch vertrieben haben. Denn Verführen ist schlimmer als Töten. Kämpft nicht gegen sie bei der heiligen Moschee, bis sie dort gegen euch kämpfen. Wenn sie gegen euch kämpfen, dann tötet sie. So ist die Vergeltung für die Ungläubigen.

vs.

[5:32]: Aus diesem Grund haben wir den Kindern Israel vorgeschrieben, dass, wenn einer jemanden tötet, (und zwar) nicht (etwa zur Rache) für jemand (anderes, der von diesem getötet worden ist) oder (zur Strafe für) Un-heil (das er) auf der Erde (angerichtet hat), es so sein soll, als ob er die Menschen alle getötet hätte [...].

Dieser Konflikt ist ausdrücklich nicht mithilfe der islamischen Quel-len zu lösen, vielmehr ist der Schulfriede gefährdet. Es ist Aufgabe von Schulen, ohne Wenn und Aber Menschenwürde, körperliche Unversehrtheit und Gewaltfreiheit im Sinne des Schulfriedens zu lehren und durchzusetzen. Dazu kann es hilfreich sein, Vertreter von Präventionsprogrammen wie „Wegweiser", des Staatsschutzes oder der Wissenschaft in die Schule zu bitten, um mit Schüler*innen politische Ursachen und gesellschaftliche wie individuelle Folgen solcher Anschläge zu hinterfragen. Rechtfertigungen jedweder Art von Gewalt sind in jedem Einzelfall inakzeptabel. Als Ultima ratio sollten auch schulrechtliche Maßnahmen bis hin zum Schulverweis ins Auge gefasst werden.

Vorwurf, der Koran sei beliebig

Immer wieder ist aus Schulen zu hören, dass Schüler*innen, die sich mit dem Islam auseinandersetzen, um ihn und die muslimi-schen Jugendlichen in der Klasse besser zu verstehen, zu der

Einschätzung gelangen, der Koran sei beliebig. Dazu werden drei anschauliche Beispiele angeführt:

Während Vers 4:43 die Gläubigen ermahne, nicht betrunken zum Gebet zu kommen, verbiete Vers 5:90 den Wein, das Losspiel, Opfersteine und Lospfeile, sie seien ein Greuel und Teufelswerk. Das zweite von ihnen angeführte Beispiel bezieht sich auf die Gebetsrichtung: Vers 2:115 gebe keine Gebetsrichtung vor, in jeder Richtung hätten Gläubige *Allāhs* Antlitz vor sich. Dagegen fordere Vers 2:144, dass Gläubige ihr Gesicht in Richtung der heiligen Kultstätte in Mekka wendeten. Und *Allāh* achte sehr wohl auf das, was sie tun würden. Schließlich führen sie den Umgang mit Nicht-Muslimen an. Der Widerspruch ergebe sich hier aus den Versen 8:61 und 29:46, in denen Muslime aufgefordert würden, „mit den Leuten der Schrift nie anders als auf eine möglichst gute Art" zu streiten. Dagegen stehe Ver 9:5, der dazu aufrufe, die Heiden zu töten, wo immer sie gefunden würden, sie sollen dann ergriffen und umzingelt und ihnen überall aufgelauert werden.

Der Eindruck der Schüler*innen rührt daher, dass die **islamische Exegese** immer wieder die Frage der Abrogation mit den Ergebnissen behandelt, dass es aufgehobene Bestimmungen gebe, die zwar noch im offiziellen Konvolut des Koran stünden, aber keine Rechtsgültigkeit mehr besäßen und solchen Versen, die zwar aus dem rezitierten Korantext gestrichen wurden, rechtlich aber weiterhin gültig seien.

Allerdings besteht darüber, was zu dem einen oder anderen Fall zu rechnen ist, unter den Rechtsgelehrten nicht immer Einigkeit. Unstrittig dagegen ist jedoch, dass das **Abrogierende wie das Abrogierte in gleicher Weise Bestandteil der Offenbarung** ist.

Das bedeutet, dass die Schüler*innen sich zwar gründlich mit dem Koran, aber nicht mit der Methode der Abrogation beschäftigt haben. Für die eine oder andere Position zu votieren ist umso schwerer, je mehr auf den Koran als göttlichen Ursprung verwiesen wird. Dabei findet sich bereits im Koran selbst der Hinweis, dass er Vorschriften verkündet und sie dann wieder zurücknimmt oder durch andere ersetzt, also der Autorität *Allāhs* widerspricht [etwa in 18:27, 6:34 und 4:82]. Dies ist umso bemerkenswerter, als der Koran immer wieder selbst die Unabänderlichkeit von Gottes Wort und Verhalten betont.

Zur abschließenden Klärung dieser Fragen sollte die Lehrkraft für Islamischen Religionsunterricht ihre Expertise einbringen und die Hintergründe der vermeintlichen Beliebigkeit verdeutlichen.

17. Reizbegriff Dschihad

Zu den religiösen Pflichten für gesunde Männer gehört im Islam auch der Dschihad (*ğihâd,*) der **Glaubenskampf**. Der *Ğihâd*-Begriff ist vielschichtig, der Koran verwendet ihn insgesamt 35 Mal. Dafür ein Beispiel:

> *[4:77]: Hast du nicht jene gesehen, zu denen man (anfänglich) sagte: „Haltet eure Hände (vom Kampf) zurück und verrichtet das Gebet und gebt die Almosensteuer"? Als ihnen dann (später) vorgeschrieben wurde, zu kämpfen, fürchtete auf einmal ein Teil von ihnen die Menschen, wie man Allah fürchtet, oder (gar) noch mehr [...].*

Die wichtigste Unterscheidung nimmt der Islam zwischen dem „großen *ğihâd*" und dem „kleinen *ğihâd*" selbst vor. Islamische Rechtsgelehrte unterscheiden vier *Ğihâd*-Theorien: (1) Der *ğihâd* **des Herzens** („großer *ğihâd*") ist die Anstrengung jedes einzelnen Muslim, sich anzustrengen, ein besserer Mensch zu werden und auf dem Weg, ein rechtgeleitetes Leben zu führen, möglichst viele andere Menschen mitzunehmen. (2) De**r** *ğihâd* **der Zunge** (ebenfalls „großer *ğihâd*") zielt darauf, die Lehren von Koran und *sunna* durch *da`wa* zu verbreiten, den „Ruf zum Islam" bzw. den „Ruf zu Gott" durch missionarische Aktivitäten zu unterstützen. (3) Der *ğihâd* **der Hände** („großer *ğihâd*") zielt darauf, *Allâh* durch Menschenwerke zu preisen. Als Beispiele können das Museum of Islamic Art in Doha sowie aktives Engagement, etwa im Bildungsbereich, genannt werden. (4) Der *ğihâd* **des Schwertes** wird dagegen als „kleiner *ğihâd*" bezeichnet. Er verlässt die friedliche Mission und meint kriegerische, gewaltsame, heute auch terroristische Auseinandersetzungen. Dieses Verständnis geht auf die medinensische Ära zurück, in der der Prophet mit seinen Anhängern zahlreiche kriegerische Konflikte mit den Juden Medinas und den arabischen Stämmen geführt hat. Und: Für den „kleinen *ğihâd*" bedarf es keiner Armee.

Zunächst belegen zwei Zitate den **„großen *ğihâd*"**, der Anstrengung und dem Bemühen auf dem Weg zu Gott immer besser zu werden, d. h. sich zunehmend enger an die Rechtleitung zu halten.

> *[22:77-78]: Ihr Gläubigen! Verneigt euch (beim Gottesdienst), werft euch (in Anbetung) nieder, dienet eurem Herrn und tut Gutes! Vielleicht wird es euch (dann) wohl ergehen. Und eifert um Allahs willen, wie dafür geeifert werden soll! Er hat euch erwählt [...].*

> *[29:69]: Diejenigen aber, die sich um unseretwillen abmühen, werden wir unsere Wege führen. Allah ist mit denen, die fromm sind.*

Auf den „kleinen *ğihâd*" beziehen sich allerdings die meisten Hinweise von Koran und *sunna*. Dieser Kampf dient der Erweiterung und Herstellung des „Hauses des Islam" (*dār al-islām*), also dem Versuch, alle Menschen und Gebiete durch Kampf und Krieg unter islamische Herrschaft zu bringen, bis der Islam die beherrschende Religion ist:

> *[8:72]: Diejenigen, die glauben und ausgewandert sind und mit ihrem Vermögen und in eigener Person um Allahs willen Krieg geführt haben, und diejenigen, die (ihnen) Aufnahme gewährt und Beistand geleistet haben, die sind untereinander Freunde [...].*

> *[9:5]: Und wenn nun die heiligen Monate abgelaufen sind, dann tötet die Heiden, wo (immer) ihr sie findet, greift sie, umzingelt sie und lauert ihnen überall auf! [...].*

[9:29]: Kämpft gegen diejenigen, die nicht an Allah und den jüngsten Tag glauben und nicht verbieten, was Allah und sein Gesandter verboten haben, und nicht der wahren Religion angehören - von denen, die die Schrift erhalten haben - (kämpft gegen sie), bis sie kleinlaut aus der Hand Tribut entrichten!

Ausführungen über den *ǧihâd* füllen ganze Bibliothekswände. Darin wird u. a. klargestellt, dass *ǧihâd* nicht mit „Heiliger Krieg" übersetzt werden kann und fester Bestandteil des islamischen Rechts (*fiqh*) ist. Auf den Diskurs über Parallelbegriffe zum *ǧihâd* im Juden- und Christentum im Kontext religiöser Konflikte – auch für Unterrichtssequenzen darüber – wird an dieser Stelle ausdrücklich als Literaturhinweis verwiesen.

Konflikte in Schulen und ihre Lösungen

Sympathisieren mit dem IS

Es gibt Schüler*innen, die sich selbst nicht zum IS bekennen, mit dessen Ideologie und Aktionen unter generellen Verweisen auf die Unterdrückung „des Islam" durch „den Westen" jedoch sympathisieren. Ungeachtet, dass bei Anschlägen häufig Muslime verletzt und getötet wurden, war es überfällig, dass 120 sunnitische Würdenträger am 27.09.2014 die folgende *fatwā* gegen den Islamischen Staat erlassen haben:

> *„An Dr. Ibrahim Awwad al-Badri alias ‚Abu Bakr al-Baghdadi'. An die Kämpfer und Anhänger des selbsternannten ‚Islamischen Staates'.*
>
> *1. Es ist im Islam verboten, ohne die dafür jeweils notwendige Bildung und Kenntnis zu haben, Fatwas*

(Rechtsurteile) zu sprechen. Sogar diese Fatwas müssen der islamischen Rechtstheorie, wie sie in den klassischen Texten dargelegt wurde, folgen. Es ist ebenfalls verboten, einen Teil aus dem Koran oder eines Verses zu zitieren, ohne auf den gesamten Rest zu achten, was der Koran und die Hadithe über diese Angelegenheit lehren. Mit anderen Worten gibt es strikt subjektive und objektive Vorbedingungen für Fatwas. Bei der Sprechung einer Fatwa, unter Verwendung des Korans, können nicht `die Rosinen unter den Versen herausgepickt' werden, ohne Berücksichtigung des gesamten Korans und der Hadithe.

[...] 6. Es ist im Islam verboten, Unschuldige zu töten.

7. Es ist im Islam verboten, Sendboten, Botschafter und Diplomaten zu töten; somit ist es auch verboten, Journalisten und Entwicklungshelfer zu töten.

8. Dschihad ist im Islam ein Verteidigungskrieg. Er ist ohne die rechten Gründe, die rechten Ziele und ohne das rechte Benehmen verboten.

9. Es ist im Islam verboten, Menschen als Nichtmuslime zu bezeichnen, außer sie haben offenkundig den Unglauben kundgetan.

10. Es ist im Islam verboten, Christen und allen „Schriftbesitzern" – in jeder erdenklichen Art – zu schaden oder sie zu missbrauchen.

[...] 13. Es ist im Islam verboten, die Menschen zur Konvertierung zu zwingen.

14. Es ist im Islam verboten, Frauen ihre Rechte zu verwehren.

15. Es ist im Islam verboten, Kindern ihre Rechte zu verwehren.

[...] 17. Es ist im Islam verboten, Menschen zu foltern.

18. Es ist im Islam verboten, Tote zu entstellen.

19. Es ist im Islam verboten, Gott – erhaben und makellos ist Er – böse Taten zuzuschreiben.

[...] 21. Bewaffneter Aufstand ist im Islam in jeglicher Hinsicht verboten, außer bei offenkundigem Unglauben des Herrschers und bei Verbot des Gebets [...].

Im Namen Gottes, des Allbarmherzigen, des Allgütigen. Preis sei Gott, dem Herrn der Welten. Frieden und Segen seien auf dem Siegel der Propheten und Gesandten." (sic!)

Nicht jeder Jugendliche, der krude Gedanken äußert und mit dem IS sympathisiert, ist gefährdet, in den Islamismus abzurutschen oder selbst Gefährder. Die Verteidigung und Rechtfertigung von Terror setzt aber den Schulfrieden aufs Spiel. Deshalb sollten Schulen ihre Lehrkraft für Islamischen Religionsunterricht mit allen Mitteln ausstatten und unterstützen, Betrachtungen und Einschätzungen von Schüler*innen auf der Grundlage von Menschenrechten anzustellen. Nachhaltig könnten solche Instruktionen wirken, wenn ein Imam des Vertrauens eingebunden werden kann. Und im Zweifel müssen die Strafverfolgungsbehörden eingeschaltet werden.

Feindstrafrecht für Demokratiegegner?

Ein Thema, das immer im Anschluss an Attentate auch in Schulen diskutiert wird, ist die Frage, ob die Attentäter und ihr Unterstützerumfeld ihre Grundrechte nicht durch die Tat endgültig verwirkt hätten. Gegner von Demokratie, Freiheit und Rechtstaatlichkeit könnten selbst nicht den Schutz dieser Werte für sich in Anspruch nehmen, so die Argumentationslinie. Dass diese Diskussion auch ohne aktuellen Terroranlass geführt wird, ist an der Haltung von Teilen der Gesellschaft zu den „Reichsbürgern" festzumachen.

Die argumentative Grundlage rührt nicht nur von Stammtischen her. Sie vertritt auch der Verfassungsrechtler Günther Jakobs. Jakobs unterscheidet als **Minderheitenmeinung zwischen Bürger- und Feindstrafrecht**: Derjenige, der den – im Sinne Thomas Hobbes´ gedachten – Gesellschaftsvertrag durch seine Handlungen aufkündige, verlasse aus freien Stücken die Gesellschaft und begebe sich in den gesetzlosen Naturzustand. Damit verliere er zugleich seine Eigenschaft als Person und werde zum Feind. Als Feind gelte für ihn nicht das Bürger-, sondern das Feindstrafrecht, er müsse von der Gesellschaft mit allen Mitteln bekämpft werden:

„´Recht´ heißt die Bindung zwischen Personen, die ihrerseits Träger von Rechten und Pflichten sind, während das Verhältnis zu einem Feind nicht durch Recht, sondern durch Zwang bestimmt wird".

Und an anderer Stelle führt Jakobs aus:

„Das Feindstrafrecht folgt anderen Regeln als ein rechtsstaatliches Binnenstrafrecht, und es ist überhaupt noch nicht ausgemacht, dass es sich, auf den Begriff gebracht, als Recht erweist".

Es kann hier nicht die komplexe Diskussion von Rechtswissen-schaftlern zu Jakobs´ Gedanken auch nur ansatzweise aufgegrif-fen werden. Ebenfalls soll hier nicht auf Tendenzen zum Feind-strafrecht eingegangen werden, die Rechtswissenschaftler in allen Begrenzungen der Geltung rechtsstaatlicher Garantien ausma-chen. Nur so viel an dieser Stelle: Wo es Recht gibt, gibt es zugleich und eben deswegen auch Außerrechtliches, und beide müssen in ein Verhältnis zueinander gesetzt werden. Und die Konzeption des Feindstrafrechts richtet sich gegen die Außerkraftsetzung grund-legender rechtlicher Standards. Somit steht es in Deutschland im

„Widerspruch zu elementaren Verfassungsgrundsät-zen durch die Forderung einer partiellen, aber perma-nenten Aufhebung von Rechtssätzen für die ‚Feinde des Systems‘" (Tobias Singelnstein und Peer Stolle).

Diese zitierte Position sollten Lehrkräfte bei entsprechenden Dis-kussionen vertreten und Konfliktlinien aufzeigen.

18. Reizbegriffe Scharia, Apostasie, Steinigung, Mutilation

Im Islam gilt: *Allāh* hat nicht sich und sein Wesen geoffenbart, sondern vielmehr sein **Gesetz**.

Der Begriff der **Scharia** *(šarīʿa)* findet jedoch auf viel mehr als lediglich das Gesetz im strengen juristischen Sinn Anwendung. *Šarīʿa* (wörtlich: der Weg zur Wasserstelle, also Mittel zur Erhaltung des Lebens sowie als Eintritt in eine kommende Welt) ist kein Gesetzbuch, sondern für Muslime die maßgebliche Norm, die an jedem Ort und zu jeder Zeit gültig ist. Sie ist aufgeteilt in **kultische Pflichten und Gebräuche**, auch örtliches Gewohnheitsrecht, sowie in **rechtliche und moralische Vorschriften**.

Šarīʿa lässt sich also nicht auf das Strafen- und Züchtigungssystem sowie das Ehe- und Familienrecht reduzieren, auch die „fünf Säulen des Islam" werden als kultische Pflichten von der *šarīʿa* umfasst. Allein deshalb erübrigen sich Forderungen von nichtislamischer Seite nach einem „Euro-Islam" oder „deutschem Islam", wenn darunter ein „Islam light" ohne *šarīʿa* verstanden wird (wie z. B. von Bassam Tibi). Die *šarīʿa* mag an unterschiedlichen Orten und zu unterschiedlichen Zeiten unterschiedlich ausgelegt werden. Das ändert aber nichts daran, dass sie als **zeitlose Offenbarung** von *Allāhs* Willen verstanden wird, die weder geschichtlichen Veränderungen noch dem Einfluss von Umständen unterworfen ist.

Die *šarīʿa* ist der **Wahrer von Fundamentalgütern des Daseins**, sie soll die genealogisch eindeutige Nachkommenschaft sichern, dazu den Islam als einzige und richtige Religion, das Leben, das Eigentum, den ungetrübten Verstand sowie die Ehre der Sippe / der *umma*. Diese Fundamentalgüter gelten als von *Allāh* selbst begründet sowie als von ihm selbst mit Strafen belegt, was einen richterlichen Ermessensspielraum in diesen Fragen ausschließt.

Bestandteil der *šarī'a* ist mithin auch die Verhinderung der **Apostasie** (*irtidâd*), dem Glaubensabfall, auf den sich zahlreiche Koranverse beziehen [u. a. 2:217; 3:86-91; 3:87; 9:32; 9:33; 9:67-68; 16:106]. Wer vom (islamischen) Glauben abfällt, verstößt gegen zentrale Inhalte dieses Glaubens. Unter Abfall vom Islam, also Apostasie, versteht der Islam die bewiesene, willentliche Abkehr eines als Muslim Geborenen oder später zum Islam Konvertierten vom islamischen Glauben. **Abfall bedeutet Leugnung des einzigen, wahren Gottes**, *Allāhs*, und die Nichtanerkennung Mohammeds als Prophet.

Der Koran sieht außer der Strafe im Jenseits jedoch kein konkretes **Strafmaß für das Diesseits** oder ein bestimmtes Verfahren für die Bestrafung eines Apostaten vor. Hingegen fordert ein *hadîth* von *al-Bukhârî*, also aus einer „starken" *hadîthe*-Sammlung, ausdrücklich zum Töten von Apostaten auf.

Auch die **Steinigung von Unzüchtigen** wird häufig als Bestandteil der *šarī'a* genannt, obwohl es für Steinigung keine Korangrundlage gibt. Die von *Allah* vorgesehene Ahndung der Unzucht sind hundert Peitschenhiebe [24:2].

Ebenso gibt es für **Mutilation**, die Genitalverstümmelung von Mädchen / Frauen, keine koranische Grundlage. Sie ist auch keine schariatische Frage, mithin auch kein genuiner Bestandteil des Islam. Allerdings werden Mädchen und Frauen gerade in den Regionen z. B. Afrikas genitalverstümmelt, die islamisch geprägt sind. Zudem spricht sich keine der vier sunnitischen Rechtsschulen explizit gegen die Mutilation aus: Die *Schafi'iten* halten sie für eine religiöse Pflicht. In den Ländern des Nahen Ostens und Ostafrikas, in denen diese Rechtsschule dominiert, ist sie deshalb auch allgemein verbreitet. Die *Mālikiten* halten sie für „wohlgefällig", und auch der *hanbalitischen* Position zufolge ist die Mutilation von Mädchen / Frauen Pflicht.

Konflikte in Schulen und ihre Lösungen

Time's up! – Gegen weibliche Genitalverstümmelung

Die Gemengelage, wer Täter und Opfer ist, scheint bei den Hintergründen der aktuellen Time's up!–Bewegung eindeutiger als bei weiblicher Genitalverstümmelung zu sein, denn manche verunstalteten und verletzten Frauen nehmen selbst Genitalverstümmelungen (**FGM**) vor. Formen und Folgen von Mutilation sollen hier nicht behandelt werden, das kann man in der Studie von Terre des Femmes nachlesen. Betroffene Regionen befinden sich in der West-Ost-Ausdehnung in Mittelafrika vom Senegal bis zum Irak, mithin nicht nur in islamisch dominierten Gebieten. In den Regionen leben ca. 880 Mio. Menschen, davon etwa die Hälfte Frauen. Alleine in Ägypten sind laut UNICEF 91 Prozent der Frauen und Mädchen genitalverstümmelt, und auch in vielen Herkunftsländern Geflüchteter liegt der FGM-Anteil bei 80 Prozent und mehr.

Die Genitalverstümmelung wird je nach Tradition entweder kurz nach der Geburt, im Kindesalter, in der Pubertät, unmittelbar vor oder nach der Eheschließung oder nach der ersten Entbindung vorgenommen, und sie tritt inzwischen als Folge von Zuwanderung vermehrt auch in europäischen Ländern auf. Die Situation Betroffener in Deutschland ist geprägt von einem **Mangel an geeigneten Beratungsstellen** für MigrantInnen aus Ländern, in denen FGM verbreitet ist.

Die Verstümmelung weiblicher Genitalien verstößt gegen das Grundgesetz sowie wichtige internationale Konventionen zum Schutz von Menschenrechten. FGM ist zudem in Deutschland als **Straftat gegen die körperliche Unversehrtheit** nach den §§ 223 ff. StGB strafbar.

Letztlich ist FGM eine Folge eines asymmetrischen Rollenverständnisses von Mann und Frau, und wenn Schulen es aus Betroffenheit unterrichtlich thematisieren wollen, ist erste Ansprechadresse die Deutsche Gesellschaft für Gynäkologie und Geburtshilfe e. V.

Von einigen Schulen ist bekannt, dass sie Aktionen gegen FGM in Form von Projekttagen, publicitywirksamen Laufveranstaltungen, Podiumsdiskussionen u. a. m. durchführen, um das öffentliche Bewusstsein zu schärfen. Wenn Schulen Zeiträume erübrigen können, wären Unterrichtungen über und Aktionen gegen FGM wünschenswert.

19. Islami(sti)scher Fundamentalismus

1. Entstehung von islamistischem Fundamentalismus

Wie es zu islamistischem Fundamentalismus kam, zeigt ein Blick in die Geschichte: Die islamische Welt ging im 19. Jh. christlicher Zeitrechnung mit der Konfrontation durch die wissenschaftlichen und politischen Umbrüche in Europa entweder offensiv (Bruch mit der eigenen Geschichte) oder defensiv (fundamentalistisch-bewahrend und rückbesinnend) um.

Daraus folgert: Die islamische Welt war und ist **kein monolithischer Block**. Dies wird deutlich in der notwendigen Unterscheidung von fundamentalistischen islamischen Gruppierungen: Die klassische *salafiyya* meint die religiöse Reformbewegung aus dieser Zeit, mit der *Jamal ad-Din al-Afghani* und *Muhammad Abduh* Religion und Gesellschaft in den islamischen Staaten durch die „Rückkehr zu den reinen Ursprüngen des Islam" zu erneuern suchten, um dem **Bedeutungsverlust** zu begegnen, den der Islam infolge des Kolonialismus erlitten hatten.

Davon zu unterscheiden ist die zeitgenössische *salafiyya*. Sie ist vom konservativen saudi-arabischen *Wahhabismus* beeinflusst. Aufgrund **gemeinsamer Merkmale von *Salafismus* und *Wahhabismus*** und in Abgrenzung zur klassischen *salafiyya* wird die zeitgenössische *salafiyya* inzwischen als *Salafismus* bezeichnet und deren Anhänger als Neo-*Salafisten*. Bei dieser Form des islamistischen Fundamentalismus handelt es sich um das Bestreben, ein totalitäres soziales und politisches System zu errichten, bei dem der Staat über die Frömmigkeit der Menschen herrschen will.

2. Hintergründe und zentrale Kennzeichen des zeitgenössischen *Salafismus*

Neo-*Salafisten* imaginieren die Zeit der im 7. Jh. auf der Arabischen Halbinsel herrschenden Rechtsvorschriften und Lebensweisen des Propheten und der *salaf*, seiner Anhänger durch

- Schaffung einer weltweiten muslimischen Idealgesellschaft auf dieser Grundlage.

- Verpflichtende Vorgabe eines umfassenden *salafistischen* Regelwerks zu lebensweltlichen Fragen (Bart, Kleidung, Verschleierung, Geschlechtertrennung, Ablehnung von Gleichberechtigung der Geschlechter, Abgrenzung gegenüber nichtmuslimischer Umwelt, ...).

- Vorstellung von der Unteilbarkeit von Religion und Politik.

- Annahme der Irrtumslosigkeit sowie weitgehend wörtliches Verständnis von Koran, *sunna* und *sira* (Biografie über das Leben Mohammeds).

- Versuche, die *šarīʿa* (die islamische Rechts- und Werteordnung) vor allem in ihrer ursprünglichen Form vorrangig anzuwenden.

- Propagierung des militanten *ǧihâd* als sechsten Glaubenspfeiler des Islam.

- Polarisierungs-Rhetorik und Verständnis einer Höherwertigkeitsideologie gegenüber sog. *kuffār* (christlichen, jüdischen sowie anderen islamischen und nicht-islamischen „Ungläubigen", dem „Westen").

- Rekrutierung von Gefolgschaft durch Missionierung („*da´wa*").

Teile des zeitgenössischen *salafistischen* Gedankenguts entsprechen weitgehend der Ideologie gewaltbefürwortender islamistischer Gruppen (z. B. *Hizb al-Tahrir*) oder sind mit derjenigen terroristischer Netzwerke (z. B. *al-Qa'ida,* der *Al-Nusra-Front,* der *al-Shabaab*-Milizen oder dem *IS*) identisch. Das Spektrum des *Salafismus* reicht hierbei von nicht-gewaltorientierten *Salafisten* bis zu offenen Befürwortern terroristischer Gewalt, wobei die Unterscheidung zwischen *Salafisten* und *Ǧihâdisten* heute müßig ist: Neo-*Salafisten* sind potentielle oder tatsächliche *Ǧihâdisten.*

Die Utopie, die in der Vergangenheit, nicht in der Zukunft liegt, wird besonders in Zeiten von Paradigmenwechseln heraufbeschworen („Wiederherstellen der Reinheit der Religion" als Problemlöser in Krisenzeiten).

„Der Koran ist unsere Verfassung, der Prophet ist unser Führer, der ǧihâd ist unser Weg, und der Tod für Allah ist unser höchstes Ziel".

Dieser Satz von Vertretern des politischen Islam verankert ihn im Islam, er weist zudem in jedem Punkt **Merkmale des Faschismus** auf: Politisierung einer Religion, Hierarchisierung mit unfehlbarem Führer, Glorifizierung der Militarisierung, Einteilung der Welt in Freund und Feind, Opferbereitschaft bis in den Tod, lückenlose Überwachung.

Konflikte in Schulen und ihre Lösungen

Salafismus vs. Auftrag von Schulen

Der *Salafismus* ist in Deutschland wie auf internationaler Ebene die zurzeit dynamischste islamistisch-fundamentalistische Bewegung. Allein in Deutschland ist lt. Bundesamt für Verfassungsschutz Anfang 2018 deren Zahl auf über 11.000 Mitglieder, überwiegend junge Menschen, gestiegen.

Deshalb sollte dieses Thema als Aufgabe der gesamten Schule sowie zusätzlich als Thema von Klassen- und Fachunterricht angesehen werden, miteinander ein Konzept zu entwickeln, das verbindlich vereinbart und realisiert wird.

Schulen, Lehrkräfte und weitere Beteiligte sollten zunächst Grundsatzfragen wie diese stellen und beantworten: Was muss ich über den Islam wissen, was über Prägefaktoren bei der Sozialisation muslimischer Kinder und Jugendlicher? Wer sind islamistische Fundamentalisten, und was wollen sie? Wie gehen sie vor, wenn sie neue Mitglieder werben? Wen sprechen sie gezielt an? Welches Vokabular verwenden sie? Was ist der Reiz, der von autoritativen Systemen ausgeht? Was macht Menschen dafür anfällig?

Zwar ist es nicht möglich, in diesem kurzen Beitrag ein tragfähiges pädagogisches Konzept vorzustellen. Dennoch lassen sich aus der Kurzanalyse **gezielte pädagogische Vorhaben** ableiten:

- Die Schule sollte Gleichstellung und Gewaltfreiheit leben.

- Das gilt ebenso für soziales Lernen, Empathie und Bekämpfung von Mobbing.

- Lehrkräfte können ihre Rolle stärken, indem sie sich noch stärker als Vertraute und „Kümmerer" verstehen.

- Ambiguitätstoleranz muss täglich eingeübt und damit Hilfestellung geleistet werden, damit Heranwachsende zwischen Optionen verantwortlich auswählen können.

- Risikokompetenz muss trainiert werden, d. h. das Vermögen von Kindern und Jugendlichen, Risiken abschätzen zu können, wann es sich lohnt, neue Wege zu gehen und alte zu verlassen.

- Wir wissen aus sonstigen Erfahrungsbereichen, dass eine Methode gegen Versuchungen ist, junge Menschen stark zu machen (Empowerment).

- Grapholatrie (Begriff von Eckhard Nordhofen 2015): Das verengte Konzept einer Heiligen Schrift (hier: des Koran) muss als Quelle von Malignität und Gewalt hinterfragt werden.

- Die zentralen Kennzeichen des *Salafismus* sowie das von ihm verwendete Vokabular sollten hinterfragt werden.

- Internetauftritte und pseudoreligiöse Behauptungen von Neo-*Salafisten* sollten gemeinsam mit Schüler*innen untersucht und soziale Medien durchleuchtet werden.

- Geschlechter- und Gewaltverständnis müssen entlarvt, dahinterstehende Interessen aufdeckt und Alternativen erörtert werden.

Erfolgreich abgestimmte pädagogische Strategien sollten zwischen Verantwortlichen kommuniziert werden, sie müssen **präventiv, frühzeitig und nachhaltig** wirken. Beteiligt werden sollten Eltern, Lehrkräfte, Mitarbeiter der Jugendhilfe, Vereinstrainer,

Freunde, vertrauenswürdige Imame, Kontaktbeamte der Polizei zur islamischen Community u. a. m. Als Ergebnis der Kommunikation könnten etwa **individuelle Gefährdungsprofile von Jugendlichen** erstellt werden. Diese beinhalten allerdings, die Grenzen des Verdachts zu diskutieren, die jeder Präventionsarbeit innewohnen.

Zu dem Weg, Kontakt zu betroffenen Jugendlichen zu halten, gibt es keine Alternative. Wer den Kontakt abbricht, verschließt die Tür und verliert den Jugendlichen endgültig an die Neo-*Salafisten*.

Instrumentalisierung des Internets durch Neo-*Salafisten*

In den letzten Jahren hat neben der klassischen besonders die virtuelle *da´wa* für die neo-*salafistische* Szene an Bedeutung gewonnen. Durch die Instrumentalisierung des Internets können radikalisierende Inhalte in Echtzeit tausendfach geteilt und multilingual verbreitet werden. Die **radikale Mobilisierungsbewegung** hat also längst das Potential des Internets für sich erkannt, führt dort eine offene Rekrutierung und macht sich vor allem das Web 2.0 für seine Ziele zunutze. Als Folge dessen sind sich selbst tragende Milieus entstanden.

Neben Einzelakteuren, die in Eigeninitiative *da´wa* betreiben, indem sie bekehrende Videos im Schneeballsystem hochladen oder eigene Websites ins Leben rufen, sind es vor allem die sozialen Netzwerke, die dem Konsumverhalten von Jugendlichen entsprechen und so die meiste Aufmerksamkeit auf sich lenken. Zu diesem Zweck bedient sich die professionell gestaltete Internetpropaganda **jugendgerechter Stilistik in Design und Sprache**, wodurch der Einstieg im wahrsten Sinne des Wortes aus dem Handgelenk geschehen kann. Plattformen wie Facebook, YouTube und Twitter fungieren nicht nur als Informationsträger, sondern bieten darüber hinaus die Möglichkeit der Interaktion mit Sympathisanten und Anhängern, bei gleichzeitiger Anonymität. In diversen Foren und Chats kann dann der neugierige Internet-Surfer zum Opfer islamistisch-extremistischer Indoktrination werden, da die vermeintlichen Beschützer schwacher Glaubensbrüder als Problemlöser eine beträchtliche Anziehungskraft vorwiegend auf junge Menschen, darunter auch Konvertiten, ausüben. Die **Propaganda ist äußerst heterogen, multimedial und mehrsprachig**, und die Grenzen zwischen *salafistisch*-politischer und *salafistisch-ğihādistischer* Propaganda sind fließend, so dass eine Unterscheidung oder Verortung der Botschaften im *salafistischen* Spektrum für den „unbedarften" Betrachter auf den ersten Blick kaum identifizierbar ist. Den Plattformen gemeinsam ist die **Ikonografie**, die sinnstiftend daherkommt, kollektive Identität fördert und auch abseits komplexer Debatten funktioniert. Bilder und Symbole können dazu beitragen, Mythen und Weltbilder zu verankern. Diese Verankerung findet bei der jungen Zielgruppe subtil statt, da die oft poppige Aufmachung Jugendliche anspricht. Manche mögen die provokanten Abbildungen als cool empfinden, durch das Posten oder Teilen solcher Inhalte erregen sie in jedem Fall Aufmerksamkeit.

Die wohl bekannteste und weitreichendste Plattform mit circa 2 Milliarden Usern weltweit und 31 Millionen Aktiven monatlich in Deutschland stellt **Facebook** dar, das deshalb exemplarisch für weitere Plattformen, die Neo-*Salafisten* nutzen, beschrieben wird.

Die Neo-*Salafisten* schöpfen das Potenzial dieses Mediums gezielt aus, so dass in der Fachliteratur bereits von der Entstehung einer neuen **jugendlichen Subkultur** gesprochen wird. Die Dynamik und Modernität des Neo-*Salafismus* üben einen starken Reiz auf Jugendliche aus. Nicht allein durch die gekonnt zielgruppengerechte Visualisierung, sondern vor allem durch die Vermittlung eines Zusammengehörigkeitsgefühls, also Teil von etwas Größerem, Überlegenem, zu sein. Einmal im Kreise der Glaubensbrüder angekommen, vervielfacht sich die Zahl der Likes, und die „Freundesliste" wächst ebenso wie das Selbstwertgefühl.

Facebook verfügt neben seiner immensen Reichweite über drei maßgebliche Handlungsoptionen: **Follow, Like, Share**. Konkret bedeutet dies für die Propaganda der Neo-*Salafisten*: Je mehr Gleichgesinnte den „gefällt mir"-Button drücken, desto mehr Anhänger werden generiert, und in der Konsequenz werden gesteigert Inhalte geteilt. Dies passiert ausdrücklich bei stark emotionalisierenden Botschaften oder aktuellen Ereignissen. Durch bestimmte Algorithmen erkennt Facebook anhand von Likes, Freundschaften, Aufenthaltsorten etc., welche Beiträge vermehrtes Interesse bei Usern wecken und zeigt automatisch darauf abgestimmte Personenvorschläge. User bekommen im Grunde also nur das zu sehen, was bereits durch das eigene Surfverhalten favorisiert wurde. Gegenpositionen oder alternative Denkanstöße finden dann kaum noch einen Platz oder verschwinden in der breiten Masse an Kommentaren, da ältere Beiträge „eingeklappt" werden und dadurch auf Anhieb nicht sichtbar sind. Hinzu kommt, dass der personalisierte Filter kaum kritische Äußerungen anzeigt, da diese meist im Sinne des Algorithmus zu unpopulär sind.

Bei Facebook können Muslime und Nicht-Muslime durch Nachrichten, Live-Chats oder Kommentaren auf der Pinnwand sowie unter Bildern andere User direkt kontaktieren. Es gibt zusätzlich eine direkte Verlinkung zum Profil in anderen sozialen Netzwerken wie Instagram und YouTube. Alle einschlägigen Foren und Inhalte sind ebenfalls bequem über die App im Smartphone zugänglich und somit jederzeit abrufbar.

Die neo-*salafistische* Propaganda im Netz ist so ausgeklügelt und professionell, dass mittlerweile auch **geschlechterspezifische Beiträge** systematisch erstellt und platziert werden. Zu diesem Zweck werden für die kalkulierten **mehr als 50 Prozent weiblicher Facebook-Nutzerinnen in Deutschland** rosa und lila, mit Herzchen oder Blümchen versehene Köder ausgelegt. Häufig lassen sich junge Mädchen von der „süßen" Aufmachung mit den inspirierenden, emotional aufgeladenen Bildern und Motivationssprüchen beeinflussen. Während für die Anwerbung junger Männer zu potentiellen Kämpfern häufig Videos aus Kriegsgebieten verwendet werden, werden Mädchen stärker auf Illustrationen und Texte über Beziehungen, Aussehen oder Sexualität gelenkt, die oftmals durch *fatwās* islamisch legitimiert werden. Und inzwischen geraten selbst Kleinkinder in ihr Visier: Im Netz bieten Neo-*Salafisten* vollverschleierte und *salafistisch* eingekleidete Kinderpuppen als Spielzeug zum Kauf an.

Facebook und Internet dienen also nicht allein als Vehikel bei der globalen Vernetzung der neo-*salafistischen* Szene, sondern werden zur gezielten Anwerbung, Indoktrinierung und Radikalisierung missbraucht.

Ziel von Schulen muss es deshalb sein, möglichst viele Kinder und Jugendliche dazu zu bewegen, **ihren Glauben undogmatisch zu leben**. Dies lässt sich nur annäherungsweise in einem langfristigen Prozess erreichen, mit dem aber sofort begonnen werden kann. Ein Weg, der dahinführt, ist es, Schüler*innen an Internetstrategien und Einflüsse von Social Media durch Neo-*Salafisten* heranzuführen, damit sie jederzeit und an jedem Ort kritisch mit IT-Angeboten umzugehen lernen. Das schließt ein, Fakten von Fake-News unterscheiden zu lernen.

Die von islamistischen Fundamentalisten direkt oder indirekt betroffenen Schüler*innen (und deren Eltern!), die durch *salafistische* Internetstrategien und Einflüsse von Social Media verunsichert werden, ob sie an ihren Werten und Lebensformen weiterhin festhalten sollen, sollten Argumente dafür sammeln können: für die offene Gesellschaft, die Demokratie, die Meinungs- und Weltanschauungsfreiheit, die Gewalt- und Religionsfreiheit. Gelegenheiten dazu müssen jederzeit und an jedem Ort, auch im Unterricht und im „System Schule", geschaffen werden. Dabei spielen unterschiedliche soziopolitische Programme (wie z. B. Konservatismus, Liberalismus, Sozialdemokratie) eher eine marginale Rolle. Gegenstand muss zudem sein, dass „der Westen" auch deshalb an Glaubwürdigkeit und Überzeugungskraft verloren hat, weil er „seine" Werte beliebig achtet oder missachtet.

Deshalb gehören in den Fachunterricht ab Sekundarstufe I nicht nur die Auseinandersetzung mit Totalitarismus, Fundamentalismus und Faschismus, sondern ebenso die mit Stammtischparolen, Xenophobie sowie mit Höherwertigkeitsideologien.

Niemand kann darauf vertrauen, dass in absehbarer Zeit auf religiöse Irrationalitäten und Indoktrinationsversuche verzichtet werden wird, die sich in Form von Extremismus, Fundamentalismus, Intoleranz, Gewalt und Terror Ausdruck verschaffen.

Schulen sollten dem verstärkt die **Sinnhaftigkeit von Leben** entgegensetzen mit einer aktiven Wahrnehmung von Verantwortung gegenüber dem Leben im Diesseits (und ggf. für das Jenseits). Und falls personelle Ressourcen zur Verfügung stehen, sollten die Auftritte der Neo-*Salafisten* bei Facebook, YouTube, Twitter und Co. Thema einer AG werden.

Tipping points bei Schüler*innen wahrnehmen

Eltern, Jugendleiter*innen, Trainer*innen und Lehrkräfte fördern, raten und unterstützen in den meisten Fällen die Kinder und Jugendlichen, für die sie Verantwortung tragen. Deshalb achten sie auch darauf, ob es Signale gibt, in denen diese ihr Verhalten verändern. Das geschieht in den seltensten Fällen abrupt, und je fließender Übergänge sind, desto schwerer sind sie wahrzunehmen. Das gilt auch – vielleicht gerade – für neue religiöse oder politische Positionierungen.

Nicht alle Jugendlichen laufen zu jeder Zeit und an jedem Ort Gefahr, sich dem islami(sti)schen Fundamentalismus anzuschließen. Es gibt Anlässe und Ereignisse im Leben, die den Einzelnen so labil sein lassen, dass er ggf. in diesen Momenten den Verlockungen erliegt oder nicht genug Kraft aufbringt, sich ihnen weiterhin zu versagen.

Das Video „Radikal" schildert solche Signale. Es hat eine Laufzeit von knapp 18 Minuten und vermittelt Tipping points für Extremismus. Es zeigt die Geschichte eines etwa 15jährigen Jungen in mehreren Varianten, deren Auslöser und kommunikative Kontexte offenbaren, was passieren kann, wenn sich Jugendliche radikalisieren und welche Rolle das Internet dabei spielen kann.

Das Video lehnt sich in seiner Dramaturgie an den Spielfilm „Lola rennt" von Tom Tykwer an und zeigt ebenfalls eine Zeitspanne mehrfach, jedes Mal mit kleinen Detailunterschieden, die die Handlung jeweils zu einem völlig anderen Ausgang führen.

Interessierte Lehrkräfte können das Video kostenlos über das Kultusministerium Hessen beziehen. Der unterrichtliche Einsatz ist für 8. Klassen aufwärts gedacht. Es gibt nicht viel Vergleichbares, das so intensiv die Bereiche Extremismus, Propaganda und Medienkompetenz anspricht und dies an Tipping points festmacht. Mithin können Lehrkräfte durch dieses Video sensibilisiert werden, besser solche Umkipp-Punkte bei ihren Schüler*innen wahrzunehmen. Das Video eignet sich auch für Elternabende.

20. Der Reiz des *Salafismus* auf Jugendliche

Fast wöchentlich müssen die Zahlen über junge Männer, die aus Deutschland kommend in Syrien oder dem Irak in den *ǧihâd* ziehen und dort als Märtyrer (*šahīd*) sterben, nach oben korrigiert werden. Die aktuellen Zahlen gibt das Bundesamt für Verfassungsschutz im Frühjahr 2018 an: Danach waren 970 Männer als Kämpfer in den Irak und nach Syrien gezogen, inzwischen sind bundesweit 320 Männer und 14 Frauen nach Deutschland zurückgekehrt. Die Zahlen beziehen sich auf über 14Jährige, d. h. die Anzahl der „**Gefährder**" ist höher als diejenige, die sich aus den Zahlen der Ämter errechnen lässt, da etliche der Rückkehrer*innen mit Kindern hier einreisen. Alle aktuellen und ehemaligen „Kämpfer" sind der **geistigen Bruderschaft der Neo-*Salafisten* zu den Terrororganisationen** erlegen und wähnen oder wähnten sich in einer diesseitigen Bewährungssituation für das Jenseits.

Die **Motive für ihre Sympathie mit dem *Salafismus*** sind vielfältig: Einige erfuhren von Neo-*Salafisten* Hilfe in persönlichen Krisen durch „Kümmerer", andere wollten Diskriminierungs- und Versagenserfahrungen überwinden oder einen Beitrag für eine gerechtere Welt leisten. Wieder andere hatten religiöse Motive: Sie wollten Gottes Prüfung durch Leid ertragen und überwinden, sich Wissen über den Islam aneignen, oder sie erlagen Jenseitsversprechungen. Von einigen ist bekannt, dass *da´wa*- Aktivisten ihre Wünsche nach Orientierung in einer pluralen Gesellschaft sowie nach einfachen Antworten auf komplexe Fragen bei ihrer Sinnsuche erfüllten und ihnen ein klares Werte- und Weltbild vermittelten. Hier erlebten sie vielleicht das erste Mal eine Hierarchie und damit verbunden ihre individuelle Entlastung und konnten an einer Männlichkeitskultur teilhaben. Wieder andere mögen es genießen, Teil einer Subkultur mit Bedrohungspotential zu sein oder sich als Opfer im Integrationsprozess oder im Bedrohensdiskurs zu fühlen.

In der *salafistischen* Szene ist ein **Trend zur „Eindeutschung"** des Phänomens zu erkennen: Mindestens 50 Prozent der Neo-*Salafisten* sind deutsche Staatsangehörige, und die Hauptsprache der Neo-*Salafisten* ist mittlerweile Deutsch. Dies hängt damit zusammen, dass die Szene zwar multi-ethnisch geprägt ist und sich zu 90 Prozent aus Migranten der 2., 3. und 4. Generation zusammensetzt, die zwar meist einen islamischen Hintergrund haben, aber kaum noch Arabisch, Türkisch oder andere Herkunftssprachen beherrschen. Weitere zehn Prozent der Szene sind Konvertiten und inzwischen 20 Prozent Frauen, beide Populationen jeweils mehr als in allen vergleichbaren islamistischen Organisationen, die dem Verfassungsschutz ansonsten bekannt sind. Frauen geben sich mit Sätzen im Internet wie „Legenden bringen Legenden zur Welt" und „Wir erziehen die Schlächter von morgen" betont martialisch und überhöhen die klassische Frauenrolle. Der Verfassungsschutz rechnet im *salafistischen* Milieu mit einer starken Zunahme von Frauen und Kindern, allerdings sind dies Annahmen, denn bislang überwiegen dazu Forschungslücken.

Die eingangs genannten Zahlen lassen den Schluss zu, dass **Jungen besonders gefährdet** sind. Jungen mögen für die Annahme, sie könnten gezielt Einfluss auf die Dinge und die Welt nehmen, anfälliger sein, aber auch Mädchen sind dagegen nicht immun. Jungen spricht vielleicht der Männerbund der Neo-*Salafisten* besonders an, der Zusammenschluss von Personen, die das gemeinsame Ziel vereint, aktiv gesellschaftliche Kontrolle auszuüben, ggf. sogar, indem männliche Dominanz- und Gewaltfantasien realisiert werden. Wenn dann der Übertritt zum Islam noch öffentlich und medienwirksam inszeniert wird, ist dies der Ritterschlag, der die Mühen eigener Wertefindung und Entscheidungen weitgehend überflüssig macht und das neue Mitglied eintauchen lässt in die vermeintliche Zuverlässigkeit Gleichgesinnter und „Vordenker". Ein **Bedrohensszenario** für die eigene Gruppe ist zusätzlicher Kitt: So besteht eine zentrale Argumentationsstrategie *salafistischer* Propaganda darin, existierende oder konstruierte Diskriminierungen von Muslimen zuzuspitzen und diese ideologisch zu instrumentalisieren. Pierre Vogels Begründung kann nicht absurd genug sein, um nicht dennoch lebhafte Zustimmung unter seinen Anhängern zu erhalten, wenn er etwa den nächsten Holocaust für Muslime prophezeit. Dagegen – so seine Forderung – würde nur der Zusammenschluss aller Muslime gegen ihre feindselige Umgebung und der Kampf gegen die Verursacher, die *kuffār*, helfen.

Es soll nicht unerwähnt bleiben, dass gerade Menschen mit einer brüchigen und schwierigen Biographie und einer unvollendeten Schullaufbahn den eindimensionalen und keine Nachfrage duldenden Antworten der *salafistischen* Lesart des Koran leichter erliegen als risikokompetente, eigenständige, selbstbewusste und integrierte Jugendliche. Aber selbst die können anfällig sein, wenn sie sich für eine gerechte Sache einsetzen können. Und zweifelsfrei ist für sie das Anliegen der Neo-*Salafisten* gerecht, denn die vertreten ja die Sache *Allāhs*.

Konflikte in Schulen und ihre Lösungen

Gefährdete Jugendliche erkennen

Aus der Kurzanalyse lassen sich **allgemeine pädagogische Ziele** ableiten: Aus sonstigen Erfahrungsbereichen wissen wir, eine Methode, junge Menschen etwa vor Suchtgefährdung oder Missbrauch zu schützen, ist, sie stark zu machen: sich zu verweigern; widersprüchliche Wahrnehmungen auszuhalten; eigene Entscheidungen zu treffen und sie nicht anderen zu überlassen; mit Niederlagen umzugehen; an die eigene Stärke zu glauben und auf sie zu vertrauen; gerade Einleuchtendes, Überliefertes und Selbstverständliches zu überprüfen; auch das Schwere im Leben anzunehmen und zu wissen, dass der leichte der falsche Weg sein kann; Angebote Dritter auf Interessen zu hinterfragen; Gruppendruck auszuhalten; Verlockungen nicht zu erliegen; schnelle Antworten auf komplexe Fragen zurückzuweisen; unterscheiden zu können zwischen eigenen Bedürfnissen und denen Dritter. Vor allem aber, für sich das Recht in Anspruch zu nehmen, ein selbstbestimmtes Leben zu führen und sich nicht verführen zu lassen.

Bei der Radikalisierung von Jugendlichen in Deutschland können drei Gruppierungen unterschieden werden: **der archaische Konservative** (Kennzeichen: ländlicher, patriarchalisch geprägter Herkunftsraum, geringer Bildungsstand, rigide religiöse Überzeugungen), **der Eskapist** (Kennzeichen: ohne adäquates Lebensmodell, prägend sind Frustration, Ausgrenzung und mangelnde berufliche Perspektiven, Realitätsflucht) sowie **der religiöse Avantgardist** (Kennzeichen: gute Bildung, Vollzug „biographischer Wende" durch Ablösung vom familiären Milieu, Selbstdefinition als Vorreiter einer politisch-religiösen Revolution).

Die lange Zeit gültige **Faustregel der vier M** = **m**ännlich, **m**uslimisch, **m**igrantisch, **m**inderbegabt ist mithin überholt, sie trifft lediglich auf einen Teil der Gefährdeten zu. Inzwischen orientieren sich auch gut Ausgebildete und Integrierte hin zu den Neo-*Salafisten*, weil sie sich Einfluss und einen vorderen Platz in deren Hackordnung versprechen.

Es wird empfohlen, dass sich einzelne Lehrkräfte, die der Ansicht sind, Gefährdete zu erkennen, untereinander und mit der Schulleitung austauschen und erste Schritte besprechen. Hilfreich kann es sein, danach Fachleute aus Präventionsprogrammen, des Staatsschutzes oder der Wissenschaft hinzuzuziehen

Bewahrungspädagogik vs. Medienanalyse

Dieses pädagogische Einmaleins verdeutlicht: Bewahrungspädagogik ist auch als Strategie gegen Neo-*Salafisten* ungeeignet. Vielmehr empfiehlt sich als erste konkrete pädagogische Maßnahme, dass Lehrkräfte die Internetauftritte und Medienpräsenz von Neo-*Salafisten* wie Pierre Vogel und Abu Nagy z. B. bei YouTube selbst kennenlernen. Daraus folgert die Aufgabe, Medien von und über Neo-*Salafisten* selbst zu analysieren und Jugendliche in Medienanalyse, Medienkonsum und Medienverantwortung zu qualifizieren und ihnen immer wieder den Unterschied zwischen realer und virtueller Welt vor Augen zu führen, kurz: ihre **Medienkompetenz in Inhalts- und Moralfragen** zu stärken. Hierzu leisten die Länder Support in Form von Internetportalen wie z. B. *http://www.medienkompetenzportal-nrw.de/*. Auch andere Länder unterhalten solche Plattformen. Videoanalyse muss von Schüler*innen erlernt werden – sich auf das Exemplarische, die „Botschaft" einzulassen, den Strategien und filmischen Mitteln nachzuspüren, in denen hier einem Gegenstand der Betrachtung und Indoktrination Ausdruck verliehen wird. Dabei geht es auch darum, das Exemplarische aufzuspüren, um darin das Allgemeine zu erkennen.

Zudem müssen die **pseudoreligiösen Behauptungen der Neo-Salafisten** hinterfragt werden. Geeignete Schulfächer sind die Religionsunterrichte, insbesondere der islamische Religionsunterricht sowie die Fächer der Werteerziehung. Als Anregung mag der Gedanke dienen, dass „Religion" und „Kultur" seit dem sog. cultural turn ein Stück weit austauschbar sind. Gleichwohl wirft gerade dies die Frage nach religiösen Quellen bzw. kulturanthropologischen Anteilen von Ideen, Bewegungen, Strömungen und Forderungen auf und hier besonders nach politischen Interessen, diese gesellschaftlichen Systeme zu tradieren. Zentrale theologische Fragen lauten: Können „heilige Texte" als inspiriert gelten, obwohl sie „nur von Menschen (von Männern!) geschrieben" wurden und durch subjektives Verstehen beschränkt sind? Welches Menschen- und welches Gottesbild wird transportiert? Weitere Fragen folgen: Welche Textbotschaften unterstreichen die Videos? Welche Zwecke verfolgen die Texte, an welche Zielgruppe sind sie gerichtet? Lassen sich Aussagen und Behauptungen verifizieren? Was macht die Eigenständigkeit des Textes gegenüber dem Bild aus? u. a. m.

Gewalt- und Frauenverständnis von Neo-*Salafisten*

Da nicht nur manche Migranten und unter ihnen auch Muslime auf Frauen eher wenig gleichberechtigt, vielmehr fokussiert sexualisiert blicken, kann es darüber in Schulen zu Konflikten kommen. Auch wenn die Mehrzahl der Schüler*innen bei ihrer Sicht sich nicht auf die *salafistische* Ideologie bezieht, wirkt vielleicht einiges davon nicht abstoßend auf sie. Deshalb lohnt es sich, das Gewalt- und Frauenverständnis von Neo-*Salafisten* im Unterricht zu thematisieren. Neben den hier ausgewählten Texten finden sich weitere zahlreiche Beispiele im Internet:

„Barah (Fernhalten von Nichtmuslimen, Anmerkung des Verfassers) entspringt dem Hassen um der Religion willen […]. Hierzu gehört, […] dass man Ğihad macht mit dem Geld, der Zunge und mit Waffen und dass man die Länder der Kuffar verlässt und zu den Ländern der Muslimīn geht […]". (www.die wahrheitimherzen.de).

„Die Grabesanbeter, die Juden und die Christen sind Ungläubige. Allerdings werden sie bei der Hinrichtung zur Reue aufgefordert, und wenn sie bereuen, so wird von ihrer Hinrichtung abgesehen. Wenn nicht, dann werden sie hingerichtet".
(www.ad-durar.de; www.ahlu-sunnah.com).

„Die Gelehrten bezeichnen dieses ´Schlagen´ als eine Art des ´Wachrüttelns´, die Frau, die trotz Ermahnung und Meidung im Ehebett ihren Fehler nicht einsehen will, soll dadurch ´aufgeweckt´ werden und realisieren, dass sie tatsächlich ihre Ehe aufs Spiel setzt [...]. Das Zurückschlagen wurde zum Schutz der Frau verboten, weil es die Situation noch verschlimmern könnte. Ein Mann, der bereits zornig ist, seine Frau schlägt und dann von ihr zurückgeschlagen wird, könnte vollständig die Kontrolle verlieren und der Frau möglicherweise eine schlimme Verletzung zufügen. Trotzdem bleibt die Wiedervergeltung möglich, denn das Schlagen der Frau darf weder Spuren hinterlassen noch einen empfindlichen Körperteil betreffen." (Quelle: Auszug aus dem Buch: „Die Stellung der Frau als Ehefrau").

„Ich höre in letzter Zeit von diesen Kundgebungen und Demos, [...] dass man sogar die Schwestern aufruft, das Haus zu verlassen und vor Brüdern zu sitzen. Wo leben wir? Allah sagt: Bleibt in euren Häusern. Und du sagst: Kommt raus? Allah sagt: Bleibt zuhause sitzen. Die Frau hat nichts draußen zu suchen unter Brüdern!" (http://www.youtube.com/watch?v=rAQ9oeuOzl0).

Einzelkämpfertum vs. Netzwerk

Präventionsarbeit, die Schüler*innen im Blick hat, bedarf kooperativer Strukturen. Oftmals gibt es im Hinblick auf Kooperationen allerdings noch Informationsdefizite, vielleicht fehlt es einigen Lehrkräften an Verständigungsmöglichkeiten und einer entwickelten Diskussions- und Streitkultur. Das mag auch daran liegen, dass Lehrkräfte Arbeiten mit belastbarem Material gewohnt sind und sie feststellen, dass das Forschungsgebiet, in dessen Zentrum Kooperationen oder Netzwerke stehen, nach wie vor zahlreiche Lücken aufweist, die durch eigene Erfahrungen kompensiert werden müssen. Dabei stellt ein strategisches Netzwerk eine Organisationsform dar, die auf Vorteile zielt und sich durch kooperative und relativ stabile Beziehungen zwischen Einzelnen mit unterschiedlichen Expertisen auszeichnet. Beziehungen schaden also nur dem, der keine hat oder herstellt.

Wenn allen Verantwortlichen klar ist, dass pädagogischen Absichten erfolgreiche Strategien folgen müssen, sollten **Kooperationspartner für Präventionsarbeit** gesucht werden. Denn deren Ziele können allein schon wegen Fragen unterschiedlicher Disziplinen – der Pädagogik, der Psychologie, den Islam-, Sozial- und Politikwissenschaften, dem Recht u. a. m. – nicht im Einzelkämpfertum realisiert werden, sondern müssen zwingend zwischen Verantwortlichen kommuniziert werden. Dazu sollte der Kreis der Verantwortlichen anfangs weit gefasst sein: Eltern, Lehrkräfte, Mitarbeiter*innen der Jugendhilfe, Vereinstrainer, Musiklehrkräfte, Freunde der Gefährdeten, vertrauenswürdige Imame, Polizeibeamte u. a. m. Als Ergebnis der Kommunikation könnten danach Aufgaben an innere Kreise mit Teilaufgaben verteilt werden, wobei rechtzeitig festgelegt werden sollte, wer die Federführung hat, bei wem alle Fäden zusammenlaufen. Die gemeinsame Klammer für die Zirkel ist eine abgestimmte, belastbare Strategie, die u. a. individuelle Gefährdungsprofile von Jugendlichen enthalten muss, um ggf. eine Rangfolge nach Dringlichkeit zu erstellen.

Erste Kontaktadresse könnte die „Beratungsstelle Radikalisierung" beim Bundesamt für Migration und Flüchtlinge sein, z. B. über *beratung@bamf.bund.de,* die auch lokale Beraterinnen und Berater vermittelt.

„**Wegweiser**" ist ein Präventionsprogramm gegen gewaltbereiten *Salafismus*. Persönliche Beraterinnen und Berater bieten mit Unterstützung lokaler Netzwerkpartner konkrete und individuelle Hilfe.

„**MuslimOpenMind**" ist ein Projekt für die gesellschaftliche Öffnung von Moscheen und die Bildung von Kooperationen mit unterschiedlichen Behörden wie dem Jugendamt und der Arbeitsagentur.

21. Radikalisiert HipHop?

HipHop ist die populärste Musikrichtung weltweit. Wer sich mit Hip-Hop beschäftigt, weiß: Breakdance, HipHop und Rap sind Darstellungsformen, die unter dem Oberbegriff HipHop für eine Subkultur stehen.

In vielen Köpfen hat sich breitgemacht, dass Rap und Gewalt Gemeinsamkeiten haben. Die Zuschreibung von Rap als Auslöser von Gewalt kulminiert im „Pop-*Ǧihâdismus*" und findet medial breites Echo. Mal als Kommentar im Feuilleton der ZEIT, mal als große Titel-Story im SPIEGEL oder Cicero: Islamistisch geprägte Gewalt trage, so die genannten Medien, modernes Gewand.

Weil sich der deutsche Rap aus den Ursprüngen des US-amerikanischen HipHop gebildet hat, könnte man annehmen, dass es ebenfalls so etwas wie islamistischen deutschen Rap gibt oder dass es zumindest eine Phase gegeben hat. Dabei ist der Begriff „Islamistischer Rap" ein geläufiges Schlagwort, dessen Herkunft niemand genau benennen kann, dennoch ergibt es einige Treffer, wenn es in Suchmaschinen eingegeben wird. Die meisten sind Dokumentationen auf YouTube, die anderen Artikel populärer Printmedien.

Die Darstellung dieser **Subkultur ist undifferenziert** und löchrig, was auch deren Texte fragwürdig macht. Die (sub-)kulturelle ästhetische Praxis des Rap ist also ein Betätigungsfeld für Akteure mit ganz verschiedenen Lebensorientierungen, Überzeugungssystemen und Themen.

Einige dieser Rapper, wie z. B. *Amar* (Markus Endörfer), haben es sich zur Aufgabe gemacht, den Islam verbal über Rap zu verbreiten und somit ihren Teil islamischer *da´wa*-Arbeit zu leisten. In dem Lied „Liebe Schwester" spricht er junge Frauen an, die wegen ihres Kopftuchs diskriminiert werden, empfiehlt der Muslima, stark gegenüber Ablehnungen durch andere und ihrer Religion treu zu bleiben und stigmatisiert „die Anderen", die den Islam nicht verstanden haben und sich sündhaft verhalten:

„Schwester, diese Zeilen gehen raus an dich,
Du verdeckst deine Schönheit, machst sie nicht öffentlich.
Und das aus Liebe zu ALLAH, aus Liebe zum Quran,
Doch sie sprechen von Zwang und blindem Gehorsam.
Wer ist blind? Blind sind sie, mit ihrem Terrorwahn
und ihrer arroganten Theorie, eine tickende Bombe
hinter jedem Hijab,
eine Gefahr für den Staat, wie es sie vorher niemals gab.
Jetzt willst du auch noch kleine Kinder unterrichten,
und die Zukunft der freien demokratischen Welt vernichten.
Sollen sie doch fleißig ihre Lügen verbreiten,
ALLAH steht dir bei, auch in den härtesten Zeiten."

In der zweiten Strophe arbeitet *Amar* die Opferrolle von Muslimen noch deutlicher heraus, wenn er heutige Muslime mit Juden oder „Schwarzen" gleichsetzt und die „Schwester" erneut ermutigt und ihr Respekt zollt:

„Wir senken unsere Köpfe, um dich mit Respekt zu begrüßen".

Auch wenn der Text eine Nähe zu *salafistischen* Denkweisen aufweist, so ist es dennoch kein islamistischer Text, aber bereits eine mögliche Brücke dorthin, dennoch handelt es sich beim islamistischen Rapper eher um eine Fiktion.

Anders ist es bei *Nasheeds*, also Hymnen, die melodisch gesprochen oder a capella von einem Mann oder mehreren Männern gesungen werden. Diese singen entweder die *fatiha*, die erste Sure des Koran oder sonstige Lobpreisungen *Allāhs* oder belehren religiös in verschiedenen Sprachen, je nach Sprachraum der Zielgruppe.

Zu *Nasheeds* könnte *Deso Dogg* alias Dennis Cuspert herangezogen werden, denn er hat seine Rap-Karriere als „unislamischen Weg" aufgegeben und seine Fans aufgefordert, seine Werke zu vernichten und sich „an den rechten Weg" zu halten. Er kritisiert inzwischen Musik – außer Handtrommeln – als unislamisch, wie dies auch Neo-*Salafisten* wie Pierre Vogel alias *Abu Hamza* tun. Dies ist aber eher einem kruden Kultur- und selbstgezimmerten Koranverständnis geschuldet als religiösem Extremismus.

Konflikte in Schulen und ihre Lösungen

Verbot, bei einer Musikaufführung mitzumachen

Eine Schule berichtet, dass Eltern eines muslimischen Schülers sie aufgesucht hatte, um zu erklären, dass der Imam ihrer Gemeinde ihnen geraten habe, ihren Sohn nicht an dem von der Schule geplanten Musical „Tabaluga" teilnehmen zu lassen. Musik sei unislamisch, sie würden ihm daher eine Mitwirkung verbieten. Auf Nachfrage erfuhren die Lehrkräfte, das Entsendeland des Imam sei Saudi-Arabien.

Es ist in Saudi-Arabien zwar nicht offiziell verboten, Musik zu hören. Viele *Wahhabiten*, also Anhänger dieser puristisch-traditionalistischen Richtung des neuzeitlichen sunnitischen Islam, halten Musik jedoch generell für „unislamisch". So hat z. B. vor einigen Jahren die Entscheidung der dortigen islamischen Religionspolizei weltweit für Schlagzeilen gesorgt. In der Stadt Taif beendete sie eine Kinder-Aufführung mit den Schlümpfen – wegen „unerlaubter Musik".

Im Koran selbst gibt es explizit **kein direktes Musikverbot**. Als Rechtfertigung wird von Verfechtern, dass Musik *harām* sei, dennoch der Koran zitiert:

> *[31:6]: Unter den Menschen gibt es auch welche, die (gegen ernste Gespräche über Glaubensfragen) leichte Unterhaltung einhandeln, um in (ihrem) Unverstand (ihre Mitmenschen) vom Wege Allahs abirren zu lassen und ihren Spott damit zu treiben. Sie haben eine erniedrigende Strafe zu erwarten.*

Der Islam unterscheidet bei dieser Frage Instrumentalmusik, Texte und Gesang, und die besonders strengen Traditionalisten halten alle drei Formen für *harām*, nehmen aber davon bei Instrumentalmusik klassische Werke und Hochzeitsmusik aus, es sei denn, sie rege die Lust an oder animiere zum gemischtgeschlechtlichen Tanz.

Harām sind auch alle unislamischen Texte, und Gesang, den ohnehin nur Männer pflegen dürfen, soll allein die Schönheit *Allāhs*, des Landes und der Welt beinhalten oder die Musik diene der Krankenheilung, in diesen besonderen Fällen sei sie *halāl*.

Wichtiger als das Mitwirken des muslimischen Jungen an dem Musical sollten Schulen die **Haltung der Eltern** bewerten, die ggf. eine Nähe zum islamistischen Fundamentalismus gutheißen. Es wird daher empfohlen, mit dem Schüler, seinen Eltern, ggf. dem Imam sowie etwa dem Kollegen für islamischen Religionsunterricht gemeinsam ein Gespräch zu führen, das neben der islamischen Begründung gegen Musik die Grenzen von Religionsfreiheit in der Schule, unerlässliche Beiträge von Migranten zur Integration sowie das Recht auf Jugendkultur beinhalten sollte.

Verbot von *Nasheeds* und Gangsta-Rap

Häufiger wird berichtet, muslimische und nicht-muslimische Schüler*innen schauten in Unterrichtspausen auf ihren Smartphones Videos an und hörten dabei *Nasheeds*, was Lehrkräfte ihnen regelmäßig verböten.

Zunächst: *Nasheeds* und Gangsta-Raps fallen unter die **Meinungs- und Religionsfreiheit,** die das Grundgesetz in Art. 4 und 5 postuliert. Einzelnachweise etwa zur Volksverhetzung, der Gewalt- oder Kriegsverherrlichung o. ä. müssen erst geführt werden, um sie rechtswirksam verbieten zu können. Wie schwierig das ist, haben Öffentlichkeit und Ethik-Beirat der Musikindustrie im Zusammenhang mit der Echo-Verleihung 2018 erfahren. Im Zentrum der Vorwürfe gegen *Kollegah* und *Farid Bang* standen folgende Textzeilen aus dem Song „0815":

> *„Diese Syrer vergewaltigen dein Mädel, Bitch*
> *Sie sagt, ´Lass mich in Ruhe!´,*
> *doch er versteht sie nicht*
> *Zerlege dich, gab mir Testo*
> *Mach' dein Bahnhofsghetto zu Charlie Hebdo*
> *Deutschen Rap höre ich zum Einschlafen*
> *Denn er hat mehr Windowshopper als ein Eiswagen, ah*
> *Und wegen mir sind sie beim Auftritt bewaffnet*
> *Mein Körper definierter als von Auschwitzinsassen*
> *Ich tick' Rauschgift in Massen, ficke Bauchtaschenrapper*
> *Wenn ich will, macht Genetik ein Auslandssemester*
> *[...]"*

Verbote schaffen das Hören und Verbreiten *ğihâdistischer Nasheeds* oder Gangsta-Raps nicht aus der Welt. Hilfreich scheinen allein pädagogische Interventionen aus Sachinformationen und erzieherischen Angeboten zu sein. Dabei sollten Schulen Musikvorlieben ihrer Schüler*innen jedweder Art unterrichtlich aufgreifen.

22. Islamophobie, Xenophobie und Populismus

1. Islamophobie und Xenophobie

Nicht jede Kritik an der Politik Israels ist Antisemitismus, und nicht jede kritische Bewertung von Ausdrucksformen des Islam ist Islamophobie. Allerdings sind in beiden Feldern die Grenzen fließend. „Islamophobie" bezeichnet die Diskriminierung und Verfolgung von Muslimen aufgrund ihrer Religionszugehörigkeit. Das Wort ist angelehnt an die Begriffsbildungen „Homophobie" für Schwulenfeindlichkeit und „Xenophobie" für Fremdenfeindlichkeit. Wortschöpfungen wie „Islamophobie", „Antiislamismus" oder „Xenophobie" sind politische Kampfbegriffe. So sehr es gute Gründe gibt, sich über eine adäquate Terminologie für Hetze gegen Muslime Gedanken zu machen, zielen derartige Begriffe auch auf eine Immunisierung gegen Kritik. Der „Islamophobie"-Begriff richtet sich darauf, jegliche Kritik an den unterschiedlichen Strömungen des Islam als ebenso ungerechtfertigte wie krankhafte Panikmache zu delegitimieren.

Zu den zu klärenden Begriffen zählt ebenfalls „kultureller Rassismus". Damit sind rassistische Denkmuster gegen als Religionsgemeinschaft konzipierte Gruppierungen gemeint, bei denen wahlweise auf einen „Rassebegriff" verzichtet wird oder wie bei der Verwendung des Begriffs „Xenophobie" ethnische Hintergründe als Basis benötigt werden. Handlungen Einzelner werden über das Religionsmerkmal oder/und die Ethnie erklärt und dann dem Kollektiv der Muslime/Migranten zugerechnet. Daraus erfolgt eine Fremdgruppenzuschreibung (**„Othering"**), die es zulässt, „Islamophobie" und „Xenophobie" unter bestimmten Fragestellungen als Rassismus gegen spezifische Zielgruppen zu denken.

Erschwerend kommt als Erkenntnis hinzu, dass der Vorwurf der Islamkritik eine Analyse und Kritik am Islamismus nicht überflüssig macht. Islamistische Bewegungen und Akteure haben Gemeinsamkeiten, die es berechtigt erscheinen lassen, zusammengehörig über sie zu denken. Dazu zählt u. a., den Islam als umfassendes Regelwerk für alle Lebensbereiche zu verstehen. Dies blendet die vielfältige politische und religiöse Wirklichkeit der Muslime aus und orientiert sich und andere vielmehr an einem begrenzten Textkorpus, nämlich Koran und *hadîthe* sowie an einer idealisierten Vorstellung der frühislamischen Phase.

2. Populismus

Hinter Stammtischparolen steckt das „Syndrom gruppenbezogener Menschenfeindlichkeit" (Wilhelm Heitmeyer). An anderer Stelle zeigt Heitmeyer u. a. die **Nähe von Stammtischparolen zum Autoritarismus** und zum Hass auf. Er dokumentierte unerwartet hohe Zustimmungswerte zu autoritären Aggressionen, die scharfe Anforderungen enthalten, gegen andere vorzugehen, der Anteil parolenaffiner Menschen liegt demnach bei mindestens 26 Prozent, stetig steigend. Nationalkonservative oder rechtspopulistische Parteien in Europa sitzen inzwischen in vielen Parlamenten, z. T. mit Regierungsbeteiligung oder unter ihrer Regierungsführung.

Populismus und Stammtischparolen sind Rechtfertigungen für politisch unkorrektes Verhalten, beide verwenden Kampfbegriffe („Wir sind das Volk"). Insbesondere die sog. sozialen Netzwerke sind Brutstätten von Hass und rufen nicht selten sogar zu physischen Ausschreitungen gegen „die Anderen" auf.

Konflikte in Schulen und ihre Lösungen

Motive von Populisten entlarven

Populismus bricht nicht plötzlich auf, er ist kollektiv und ideologisch vorgeformt und blendet dabei „mentale Programmierungen" (Geert Hofstede) aus, entledigt sich also gewissermaßen Beißhemmungen, und er negiert Fakten („postfaktisches Zeitalter"). Dazu braucht er Muster, in die er sich ausschütten kann. Entwicklungen werden apokalyptisch gedeutet, manifestieren sich in Affekten und verzichten dabei auf Informationen und Recherchen. Populismus spinnt seine „Sorgen" in Rassismus aus einem Kokon mit Deckbegriffen wie „Religion" und „Kultur" ein und verschleiert ihn damit. Er benötigt eigene Anonymität und Gesichtslosigkeit und die „schweigende Mehrheit" als Resonanzboden, als Echoraum, und ersetzt im Gegenüber Menschliches durch Monströses sowie Individualität durch Kollektivismus.

Die folgenden Kennzeichen und Ausdrucksformen sind Anhaltspunkte für Lehrkräfte, daraus ggf. ein Unterrichtskonzept zu erarbeiten:

Kennzeichen	Parole / Ausdrucksform
Verklärung der Geschichte	Früher war alles besser / Früher hätte es so etwas nicht gegeben
Politikverdrossenheit	Die da oben machen sowieso was sie wollen / reden nur dummes Zeug / sind faul und korrupt

Demokratie-verdruss	Anstatt zu debattieren sollten sie lieber handeln
Recht und Ordnung	Wir haben zu viele laue Gesetze / Die Todesstrafe muss wieder eingeführt werden
Soziale Härte	Arbeitslose sind selbst schuld / Wer Arbeit sucht, findet auch welche / Sozialhilfeempfänger (Flüchtlinge, Migranten, Muslime...) sind Schmarotzer
Relativierung des National-sozialismus	Im Nationalsozialismus konnte man wenigstens auf die Straße gehen
Schlussstrich-mentalität	Irgendwann muss mal Schluss sein / Wir Deutsche können nicht ewig alle Schuld auf uns laden
Nationalismus	Wir sind die Zahlmeister Europas / Polen klauen, Rumänen faulenzen
Ausländerfeind-lichkeit	Bei uns leben viel zu viele Ausländer / Sie sind kriminell / Sie nehmen uns die Arbeitsplätze weg
Fremdenfeind-lichkeit	Wir sind Fremde im eigenen Land / Deutschland den Deutschen
Wagenburg-mentalität	Das Boot ist voll / Wirtschaftsflüchtlinge haben hier nichts zu suchen
Rassismus	Afrikaner sind zu blöd für komplexe Anforderungen / Neger bleiben bei Anforderungen blass
Sexismus	Emanzen sind sexuell zu kurz gekommen / Frauen gehören an den Herd

Diskriminierungen	Homosexuelle sind krank / Die hat Hitler vergessen
Antisemitismus	Die Juden scheffeln auf unsere Kosten Geld / Die Juden sind verantwortlich für alle Kriege in der Welt
Islamophobie	Die Muslime dürfen nicht zu uns einreisen / Sie sind gewalttätig
Kulturpessimismus	Die Menschen werden von Generation zu Generation immer dümmer
Negatives Menschenbild	Der Mensch ist von Natur aus schlecht

Unter dem Hashtag „MeTwo" wird auf Alltagsrassismus aufmerksam gemacht.

Strategien gegen Stammtischparolen

Stammtischparolen operieren stets mit Gegenüberstellungen: Das tugendhafte eigene „homogene Volk" wird von den „kriminellen Ausländern / Migranten" verroht, marginalisiert und letztlich verdrängt. Dabei wird immerzu personalisiert und moralisiert, denn die „Fremden" sind schlechtere Charaktere, die (noch) nie für „unser Volk" gearbeitet haben und nur in die eigene Tasche wirtschaften – auf Kosten der Einheimischen. Aus solchem Duktus entsteht Hass:

> *„Den Hassenden den Raum zu nehmen, sich ihr Objekt passgenau zuzurichten, dafür sind wir alle als Zivilgesellschaft zuständig. Das lässt sich nicht delegieren [...]. Vielleicht ist der wichtigste Gestus gegen den Hass, sich nicht vereinzeln zu lassen. Sich nicht ins Private [...] zurückzuziehen"* (Carolin Emcke).

Da die Umarmung des eigenen „Volkes" nie interesselos geschieht, ist es lohnenswert, im Unterricht Strategien gegen Stammtischparolen zu erarbeiten. Stichwörter dazu sind: Gesprächsregeln herstellen; das Parolenspringen nicht mitmachen; Grenzen setzen; selbst initiativ werden; gezielt nachfragen; zum Zuhören zwingen; selbst nicht belehren, nicht moralisieren wollen, wohl aber mit Moral und Ethik argumentieren; Plurale, also das „Die", das „Wir", das „Volk" zurückweisen; Probleme benennen und zugestehen; Widersprüche aufdecken; die Perspektive wechseln; besonders auf die Unentschiedenen achten; Solidarisierungen organisieren; authentisch bleiben; Fakten benennen.

Tunnelblick vs. Perspektivwechsel

Als Tunnelblick, der auch in Schulen anzutreffen ist, wird eine verengte Wahrnehmung bezeichnet, bei der Zusammenhänge ausgeblendet werden. Er verliert sich in Details, nimmt wichtige Informationen nicht wahr und ist Grundlage, sich zu verrennen. Anstatt das Gesamtbild zu betrachten, reduziert sich die Wahrnehmung auf einen Teilaspekt und verschließt sich gegenüber Argumenten.

Solch ein Tunnelblick ist oft die Ursache von Islamophobie, Xenophobie und Populismus, die sich in Schulen gegen Muslime und häufig auch gegen Geflüchtete richten, unabhängig von deren Religionsmerkmal. Schüler*innen, die eine solche Betrachtung verfechten, könnten argumentieren, ihr Blick streife alles Unwesentliche ab und führe zu einem gezielteren Fokus. Doch die Nachteile und gesellschaftlichen Gefahren überwiegen diesen möglichen Vorteil. Da ein Tunnelblick unterbewusst einsetzt, ist es schwer, ihn gänzlich zu verhindern. Bei der Aufarbeitung von Voreinstellungen und Vorurteilen gegen Migranten / Muslime in Schulen ist es deshalb wichtig, Schüler*innen zu veranlassen, Perspektivwechsel vorzunehmen, um den eigenen Standpunkt zu hinterfragen. Einige Textauszüge können dabei hilfreich sein:

Psalm 69, 3-5:

„Ich versinke im tiefen Schlamm,
da kein Grund ist;
ich bin im tiefen Wasser,
und die Flut will mich ersäufen.
Ich bin müde von meinem Rufen,
Vertrocknet ist meine Kehle;
Meine Augen verzehren sich
Im Harren auf meinen Gott.
Derer, die mich ohne Ursache hassen,
Sind mehr, denn ich Haare auf dem Haupt habe."

Seneca im Jahre 65 an seinen Freund Lucilius, Brief 47:

„Zwinge dich ständig daran zu denken, dass der, den Du Deinen Sklaven nennst, gleichen Ursprungs ist wie Du, dass er sich an demselben Himmel erfreut, dass er wie Du atmet, lebt und stirbt".

ʿOmar (ʿUmar) Chayyām (1048 - 1131), Rubaijat:

„Wenn Gott die Macht, die selbst er hat,
mir gönnte,
Die jetz´ge Welt würd´ ich alsbald
vernichten,
Und eine andere daraus errichten,
Darin der Mensch nach Wunsche
leben könnte".

Elif Shafak, Der Geruch des Paradieses, S. 21:

„Wer in diesem Land der endlosen Menschenwande-
rungen und des steten Wandels könnte schon behaupten,
nur einem bestimmten Volk anzugehören, ohne sich
damit selbst zu belügen?"

Zygmunt Bauman (gest. 2017):
„Der Blick wendet sich ab von der Flüchtlingstragödie hin zur Sicherheitspanik."

Bertolt Brecht 1933, O Falladah, die du hangest:
„Da fragte ich mich: Was für eine Kälte muss über die Leute gekommen sein!
Wer schlägt da so auf sie ein, dass sie jetzt so durch und durch erkaltet?
So helft ihnen doch! Und tut das in Bälde! Sonst passiert euch etwas, was ihr nicht für möglich haltet!"

Lektionen gegen alternative Fakten

Anti-Islam-Thesen stoßen in den sog. sozialen Medien auf breites Echo. Da ist die Rede davon, „die" Migranten wären überproportional kriminell, und unter ihnen nähmen Muslime die Spitzenstellung ein. Am häufigsten kämen bei ihnen Vergewaltigungen und Körperverletzungen als Straftatbestände vor. Sie seien zudem in weit höherem Maße als die autochthonen Deutschen von Sozialleistungen abhängig, und ein erheblicher Anteil erschliche sich diese Transferleistungen oder verstieße gegen die Auflagen für deren Bezug. Ein weiterer Vorwurf betrifft ihre Bildung: Viele Migranten / Muslime wären entweder für eine qualifizierte Schulbildung und betriebliche Ausbildung ungeeignet, oder sie unternähmen keinerlei Anstrengung dafür, denn Sozialleistungen seien ihnen lieber. Schließlich wird behauptet, Muslime würden – wenn sie sich überhaupt engagierten – nur für ihre Community etwas leisten, nicht aber für die gesamte Gesellschaft.

Von vielen Schulen ist zu hören, dass diese Themen auch dort diskutiert und nicht wenige Schüler*innen diese Positionen teilen würden.

Fakten sind die **Evidenz**, womit Aussagen begründet werden können und sollen. Sie sind wichtig, weil Fakten nicht beliebig sind. Ihre Existenz und Gültigkeit ist nicht von unserem Willen, unseren Erwartungen oder Wünschen abhängig. Weil sie gewissermaßen von uns unabhängig sind, schaffen Fakten einen gemeinsamen Anhaltspunkt für Orientierung und Entscheidungsprozesse.

Mit der Wahrheit ist es in der Theorie ziemlich einfach. Wenn eine Aussage korrekt ist, dann ist sie wahr, also Fakt. Wenn eine Aussage nicht stimmt, dann ist sie nicht wahr, also kein Fakt.

Die Realität, das wusste schon Immanuel Kant, ist häufig jedoch nicht so klar ausgerichtet. Von ihm stammt der Leitsatz: Lügen unterminieren in der Öffentlichkeit das Grundvertrauen, das für eine Rechtsordnung notwendig ist.

Dieser Leitsatz rückt den Begriff „Alternative Fakten" in den Blick, dessen Hintergrund es nicht nur zu Kants Zeiten gab. „Alternative Fakten" war das **„Unwort des Jahres 2017"** und steht dafür, Falschbehauptungen als legitimes Mittel der öffentlichen Auseinandersetzung salonfähig zu machen. Mittlerweile werden mit „alternativen Fakten" nicht mehr nur Lügen bezeichnet. Der Begriff findet überall dort Verwendung, wo man sich gegenseitig beschuldigt, Fakten falsch darzustellen, um den eigenen Standpunkt zu untermauern. Er bezieht sich inzwischen also auch auf umstrittene Sichtweisen und unliebsame Darstellungen der Realität.

Die Erregung über das vermeintlich plötzliche Hervorbrechen abweichender Wahrnehmungen gibt Auskunft über den Zustand der Diskussions- und Denkkultur. Offenbar haben es viele Menschen auch in westlichen Gesellschaften verlernt, dass Konflikt und Widerspruch Antriebe für Entwicklungen sein können. Daher fehlt ihnen oftmals auch das Instrumentarium, mit inneren Widersprüchen und Zerwürfnissen offen umzugehen, ihre Vertreter wenden eher den Blick zurück und imaginieren ein „heiles Früher".

Das Überprüfen von Behauptungen kann jedoch erlernt werden, indem sie systematisch kontrolliert werden. Ein Mittel können etwa Rollenspiele zum Thema „Sozialkapital des Islam" (Fachbegriff: **bridging social capital**) sein, also welchen Beitrag der Islam für die ganze Gesellschaft in Deutschland, nicht nur die *umma*, leistet. Hier könnten Schüler*innen unterschiedliche gesellschaftspolitische Positionen analog des Parteienspektrums vertreten. Dabei lernen sie zu recherchieren, Quellen zu prüfen und zu bewerten, Fachartikel und statistische Angaben zu analysieren und auf Interessen zu hinterfragen u. a. m. Dies beinhaltet zudem die Fragen nach der Glaubwürdigkeit von Quellen und/oder nach Fälschungen, Lügen und Gerüchten, die über die Kommunikation im Internet und den sozialen Medien eine eigene Qualität und eine neue gesellschaftliche Dynamik erhalten. Vor allem lernen sie dabei, dass an den Menschenrechten des GG so leicht niemand vorbeikommt und es sich lohnt, für unsere Werteordnung einzutreten und sie zu verteidigen.

Und als Ausgangspunkt für eine weitere Lektion gegen alternative Fakten könnte die jährlich veröffentlichte „**Polizeiliche Kriminalstatistik**" (PKS) sein, die eingangs selbst herausstellt, dass ausländische Staatsangehörige Deutschen in vieler Hinsicht rechtlich nicht gleichgestellt seien und daher potenziell mehr und anders geartetes Unrecht begehen würden. Untersucht werden müsste in dem Kontext zudem, welche Merkmale die PKS nicht untersucht.

Weitere Lektionen gegen alternative Fakten zum Islam und zu Muslimen sind fast unbegrenzt möglich.

23. Ausblick

Man muss einem SPIEGEL-Titel der letzten Jahre – „Der missbrauchte Glaube" – nicht zustimmen, wenn muslimische Schüler*innen oder deren Eltern ihre Religionsrechte auch in Schulen durchsetzen möchten. Es ist ihr gutes Recht. Und nicht Recht ist es, solche Konflikte vorschnell zu ethnisieren und ihnen dann mit einem „christlich-abendländischen" Imperativ zu begegnen. Alle sollten sich daran gewöhnen, dass die gesellschaftliche (und schulische) Gegenwart auch von religiös-konfessionellen Konflikten geprägt ist. Zugleich müssen wir uns die Entwicklung der islamischen Welt vergegenwärtigen, die ohne Kolonialismus und Interessen „des Westens" anders verlaufen wäre. Insofern wurzelt auch Geschichte in den gegenwärtigen Konflikten.

Und Gegenwart und Zukunft sind allemal davon geprägt angesichts vernachlässigter Integrationspolitik und der damit verbundenen strukturellen Diskriminierung in den Bereichen Bildung, Arbeit und Sozialraum. Diese zeigt sich signifikant u. a. bei Bewerbungen um Ausbildungs- oder Arbeitsstellen, beim Suchen nach Wohnraum, im Besuch weiterführender Schulen, die zu höheren Abschlüssen führen sowie in zu geringer personeller und sachlicher Ausstattung von Bildungseinrichtungen. Wie sich weitgehend uninspirierte Integrationspolitik auswirkt, zeigt die Diskussion um Geflüchtete, die in Deutschland leben oder hier einen Aufenthaltstitel erwirken wollen. Die Flüchtlingskrise hat nach Einschätzung des bulgarischen Politologen Ivan Krastev Deutschland (und die EU) so stark verändert wie die Terroranschläge des 11. September 2001 die USA, erläuterte er im April 2018. Der Streit über den Umgang mit der Migration hat Teile des gesellschaftlichen Konsenses in Deutschland zerbrochen, oder genauer gesagt, er hat die sich bequem eingerichtete Integrationspolitik als Placebo entlarvt und die Forderung nach Reformen voll aufbrechen lassen. Ein „Weiter so" geht nicht mehr, seit die Rechtspopulisten in Deutschland und Europa auf dem Vormarsch sind und in einigen Staaten bereits die Regierung stellen oder an ihr beteiligt sind.

Diese vielschichtigen, z. T. ambivalenten und von einigen als Bedrohung empfundenen Wahrnehmungen basieren häufig auf einer grundlegenden „Hermeneutik des Verdachts" insbesondere gegenüber Menschen, die sich auf religiöse Wertbindungen berufen. Wenn diese Eindrücke zu Vorbehalten werden, richten sie sich insbesondere gegen Glaubenslehren, die wie der Islam erst relativ kurz in Deutschland verbreitet sind. Und der Islam ist allein durch seine Bandbreite – von „einfachen" gläubigen Muslim*innen bis zum politischen Islam – nicht nur heterogen, sondern in sich höchst widersprüchlich. Dies führt in Teilen der Mehrheitsgesellschaft zu unterschiedslosen Ausgrenzungen von Muslim*innen sowie Signalen von Nicht-Zugehörigkeit zur sonstigen Gesellschaft samt der Empfehlung, doch möglichst zügig in ihre Herkunftsländer zurückzukehren.

Und auf muslimischer Seite kann dies zu Reaktionen führen, von denen drei Muster in den Fachkapiteln beschrieben wurden: Eine Minderheit öffnet sich gegenüber islami(sti)sch-fundamentalistischem Gedankengut und/oder koppelt sich endgültig von der Mehrheit ab, verachtet und bekämpft sie. Eine inzwischen beträchtliche Anzahl muslimischer Familien favorisiert dagegen selbstgewählte Segregation und verschließt sich der Integration: Man bleibt lieber unter sich, um die eigene Identität zu schützen, sich Anfeindungen und Misserfolge weitgehend zu ersparen und sich in der vermeintlich homogenen Umgebung einzurichten. Die dritte Option nehmen diejenigen wahr, die gewissermaßen vernehmbar mit dem Fuß auftreten und Religionsrechte einfordern – manchmal überdies in öffentlicher Inszenierung – und dabei sogar ggf. in Kauf nehmen, das rechte Maß zu verlieren.

Verhandelt werden solche Konflikte gelegentlich vor Gericht, und hier sind die Erwartungen an das Verfassungsrecht ziemlich hoch, weil Kläger und Beklagte auch Anerkennungskämpfe darin sehen, bei denen die einen „ihre" Kultur gegenüber der „fremden" der Gegenseite verteidigen wollen – oftmals um jeden Preis. Dabei kann das Recht, wie an dieser Stelle dargestellt, durchaus Verfahren der Konfliktvermeidung und -bewältigung bereitstellen und zudem als Garant von Grundrechten fungieren. Wer sich jedoch schwertut, zu akzeptieren, dass Recht durchgesetzt wird, muss sich fragen (lassen), was das Recht wert ist, wenn es immer nur dann gelten soll, wenn es die eigene Position bestätigt.

Eine der wichtigsten Fragen, die einen erheblichen Teil von Konflikten in Schulen ausmachen, ist die, ob das desintegrative Potenzial mancher Konflikte nicht in besonderer Weise Ansporn dafür sein sollte, an gesellschaftlicher Kohäsion zu arbeiten. Allerdings müssten dazu alle Beteiligten bereit sein, auf mediales Schaulaufen, religionskulturelle Muskelspiele sowie Rat gebende Scharfmacher zu verzichten und sich auf gemeinsame Werte zu verständigen.

Dabei steht außer Frage, dass sich viele Lehrkräfte für eine Werteerziehung in einer multikulturellen und multireligiösen Gesellschaft engagieren. Dazu besuchen sie Fortbildungen, lassen sich als Konfliktmediatoren ausbilden und bilden ihre Schüler*innen dazu aus. Sie verhalten sich selbst weitgehend demokratisch und versuchen, in der Schule Eckpunkte von Gleichberechtigung zu leben und zu vermitteln. Sie agieren möglichst gewaltfrei und fordern im Unterricht, über gewaltfreie Lösungen von Konflikten nachzudenken. Sie enthalten sich Herabwürdigungen ihrer Schüler*innen und versuchen, ihnen Regeln zur Vermeidung von Mobbing nahe zu bringen.

Damit ein solchermaßen definierter pädagogischer Ansatz gelingt, müssen allerdings alle in der Schule, auch Eltern, ihre eigene, fein abgeschirmte religiöse, kulturelle und ethnische Wagenburg verlassen. Das Lockangebot dafür könnte sein, die Verbindung von religiösen Motiven mit sozialen Disparitäten aufzudecken und gemeinschaftlich eigene Ziele festzulegen, die sie für ein „Zukunftsmodell Deutschland" ausmachen. Die Narrative sind vor dem Hintergrund weiterer Migration nach Deutschland klar beschreibbar: „Akzeptanz", „Geschlechtergleichheit", „Gleichberechtigung", „Gleichbehandlung", „Gewaltfreiheit" und „Eintreten für die Demokratie".

Um bei diesen Szenarien Player zu sein, brauchen Schulen Bündnisse mit Menschen, die gleichermaßen, ob religiös oder nicht, unter einem totalitaristischen Gesellschaftsverständnis leiden, gleichgültig, wer es manifestiert. Mithin müssen sich auch (oder gerade!) Religionen und politische Parteien einer schonungslosen Analyse stellen, welchen Beitrag sie zur Befriedung einer multikulturellen Gesellschaft leisten.

Schulen brauchen in dem verminten Gelände um Grundrechte und damit einhergehenden wechselseitigen Bedrohungen, die derzeit vor allem von islami(sti)schen Fundamentalismen sowie dem Rechtspopulismus ausgehen, auch die Rückenstärkung von Institutionen. Sie müssen von der Wissenschaft, der Publizistik, der Politik, den Religionsgemeinschaften und ihren Partnern aus der lokalen Wirtschaft darin unterstützt werden, unterschiedliche, einander widerstreitende Ansichten oder Verhaltensweisen zu ertragen und auszutarieren. Vielleicht gelingt es nur in seltenen Fällen, dass sich Kontrahenten in ihren Haltungen einander annähern. Um Spannungen in Lerngruppen, im System Schule und von Schüler*innen untereinander zu überwinden, müssen sich alle den Konflikten stellen, ihre Ursachen erkennen und neu lernen, miteinander zu reden und aufeinander zu hören. Das Wichtigste: Wer Konflikte zu vermeiden sucht oder ihre Lösung auf die lange Bank schiebt, verschärft sie. Konfliktlösungen erfordern neben Kenntnissen Übung, Praxis und Augenmaß, hier kann steter Tropfen langfristig den Stein höhlen. Und für Schulen, Lehrkräfte, Schüler*innen und deren Eltern liegen die Chancen von Konflikten in Lernzuwächsen übereinander sowie in Anstößen für Veränderungsprozesse im Sinne der Narrative.

Wenn du zu weich bist, wirst du zerschmettert werden;
wenn du zu starr bist, wirst du gebrochen werden;
wenn du zu hart bist, wirst du Wunden verursachen,
und wenn du zu scharf bist, wirst du verletzen.
Khwāja Shams-ud-Dīn Muḥammad Ḥāfeẓ-e Shīrāzī
(genannt Ḥāfez – um 1320 - 1388)

Glossar: Basisvokabular zum Islam

Die wichtigsten arabischen, deutschen und eingedeutschten Grundbegriffe werden in den Texten im jeweiligen Kontext erläutert.

Abrogation	bezeichnet im islamischen Recht die Aufhebung einer normativen Bestimmung der religiösen Quellen Koran und Sunna durch eine zeitlich nachfolgende vergleichbare Bestimmung der Quellen
Al-Amira	Kopftuch von Frauen (siehe auch: Burka, Chimar, Hijab, Niqab, Schaila, Tschador)
Allāh	Gott, d. h. der eine Gott
Apostasie	(griechisch) „Glaubensabfall". Wird im Rechtsdenken des Islam als Abfall von der Gemeinschaft und Hochverrat betrachtet und kann nach einem Hadîth ein Todesurteil nach sich ziehen
´Awra oder Aura	Blöße oder Scham (der Frau), die es zu verhüllen gilt
'Āschūrā'	„der zehnte Tag", schiitisches und alevitisches Trauerfest zur Erinnerung an Husains Tod bei Kerbela (siehe auch 'Îd al-adhā, 'Îd al-Fiṭr, Kurban Bayram, Scheker Bayram)
Burka	Ganzkörperbedeckung von Frauen (siehe auch: Al-Amira, Chimar, Hijab, Niqab, Schaila, Tschador)
Chimar	Kopftuch von Frauen (siehe auch: Al-Amira, Burka, Hijab, Niqab, Schaila, Tschador)

Dār al-Islām oder **Dār as-Salām**	(„Haus des Islam"). Der Begriff bezeichnet alle Gebiete unter islamischer Herrschaft. Gegenbegriff ist der Begriff **dār al-Ḥarb** („Haus des Krieges"). Der Begriff geht auf keine Textstelle im Koran oder in der Sunna zurück. Er ist vielmehr eine Auslegung der Rechtsgelehrten: Gebiete, die nicht von der Umma kontrolliert werden, gelten als dār al-Ḥarb. Der dritte Begriff in diesem Kontext ist **dâr al-'ahd** („Haus des Vertrags"), zu dem aus islamischer Sicht die europäischen Staaten zählen, in denen Muslime im Schutz der Religionsfreiheit leben
Da'wa	Aufruf zum Islam (im Sinne von Missionierung)
DİTİB	Diyanet Isleri Türk-Islam Birligi (türkisch) „Türkisch-islamische Union der Anstalt für Religion" – bundesweiter Dachverband türkischer muslimischer Gemeinden, der dem Ministerium für religiöse Angelegenheiten (DIYANET) in Ankara verpflichtet ist (siehe auch IR, KRM, VIKZ, ZMD)
Fard	religiöse Pflicht
Fatwā	klärende Antwort, ein Scharia-Gutachten, das von Fiqh-Gelehrten, sog. Muftis, erstellt wird
Fiqh	islamisches Recht
Fitna	Versuchung

Ǧihâd oder Dschihad	„Anstrengung", „Bemühung". Jede Form der Selbstüberwindung und des Strebens nach religiöser Ausrichtung des Lebens. Auch die Anstrengungen um die Verteidigung des Islam und der von den Gläubigen bewohnten Gebiete – deshalb oft verkürzt und verfälscht mit „Heiliger Krieg" übersetzt
Hadîth	(Singular: der H.) – Mitteilung, Bericht, hier: Beschreibung des Verhaltens und der Aussprüche des Propheten Mohammed und seiner Gefährten
Hadsch oder Hadj	Bezeichnung für die verpflichtende Pilgerfahrt von Muslimen zur Kaaba nach Mekka (eine der fünf Säulen des Islam, siehe auch Salat, Schahada, Saum, Zakât, siehe auch ʿUmra)
Halāl	(türkisch: helal) für Gläubige „Erlaubtes" (Speisen, Gegenstände und Verrichtungen)
Harām	„verboten", „abgesondert". Bezeichnung für religiös untersagte Speisen, Gegenstände und Verrichtungen
Ḥiǧāb oder Hijab, Hidschab	Schleier oder Vorhang, Kopfbedeckung frommer Muslima (siehe auch: Al-Amira, Burka, Chimar, Niqab, Schaila, Tschador)
Hiǧra oder Hidschra oder Hedschra	Auswanderung / Flucht / Vertreibung Mohammeds im Jahre 622 n. Chr. von Mekka nach Medina. Wurde vom Kalifen Umar 17 Jahre später als Beginn der islamischen Zeitrechnung festgesetzt
ʾĪd al-adhā	Opferfest am Ende der Wallfahrtswoche, der Hadsch (siehe auch ʾĀschūrāʾ, ʾĪd al-Fiṭr, Kurban Bayram, Scheker Bayram)

'Îd al-Fiṭr	islamisches Fest im unmittelbaren Anschluss an den Fastenmonat Ramadan (siehe auch 'Āschūrā', 'Îd al-adhā, Kurban Bayram, Scheker Bayram)
Idschtihād	ist ein Terminus technicus der islamischen Rechtstheorie, der die Findung von Normen durch eigenständige Urteilsbemühung bezeichnet. Er steht verkürzt für die arabische „Bemühung um ein eigenes Urteil"
'Ilmihal	sozusagen der islamische Katechismus. Der 'Ilmihal „Der gelebte Islam" ist das meistverkaufte islamische Buch in der Türkei nach dem Koran und heißt im Original „Islam Ilmihali"
Imâm oder Imam	Führer, Vorbild, hier: Vorbeter und Leiter des Gemeinschaftsgebetes. Unter den Schiiten Bezeichnung für die Nachfolger des Propheten und geistiger Führer aller Muslime aus der Familie Alis
IR	Islamrat für die Bundesrepublik Deutschland (siehe auch DİTİB, KRM, VIKZ, ZMD)
Islam	Hingabe an Gott, Unterwerfung unter Gottes Gesetz
Islamisten	Bezeichnung für alle Gruppen in der Welt, die den säkularen Nationalstaat mit parlamentarischer Demokratie und die Übernahme westlicher Wertvorstellungen ablehnen und dagegen eine islamischen Staat der Scharia fordern

Koran oder Qur'ān	„Vortrag". Heiliges Buch im Islam, Sammlung der Offenbarungen, die an den Propheten Mohammed ergangen sein sollen. Der Koran schließt nach islamischem Glauben alle übrigen Offenbarungen ab und gilt als die nicht zu hinterfragende Autorität für die Gläubigen. Übersetzungen des Koran werden als dem arabischen Original nicht gleichwertig angesehen
Kuffār und Kāfir	Menschen, die die Wahrheit leugnen, sind „Ungläubige", Nichtmuslime, Gottesleugner (Singular Kāfir)
KRM	Koordinierungsrat der Muslime in Deutschland (siehe auch DİTİB, IR, VIKZ, ZMD)
Kurban Bayram	(türkisch) „Opferfest". Vier Festtage im Monat der Hadsch, an dem ein Opfertier geschlachtet wird (siehe auch 'Āschūrā', 'Îd al-adhā, 'Îd al-Fiṭr, Scheker Bayram)
Makrūh	verhasst, verpönt, missbilligt, bezeichnet im Islam Handlungen, deren Tun nach religiöser Auffassung nicht geschätzt werden und die deshalb vermieden werden sollten
Moham-med oder Muhammad	(570–632), Religionsgründer des Islam, der letzte Prophet, dem sich Allah geoffenbart hat
Mufti	ein offizieller Erteiler von islamischen Rechtsgutachten, sog. Fatwās
Niqab	Kopftuch samt Körperbedeckung von Frauen (siehe auch: Al-Amira, Burka, Chimar, Hijab, Schaila, Tschador)

Ramadān	9. Monat des islamischen Mondkalenders. In diesem Monat begann die Herabsendung des Koran. Von der Morgendämmerung bis zum Sonnenuntergang wird gefastet
Salafi	entstanden aus der Bezeichnung „as-salaf as-salih" = fromme Vorfahren. Eine ägyptische, später allgemein arabische islamische Reformbewegung des 19. und 20. Jahrhunderts, die eine Rückkehr zum „Ursprung des Islam" fordert
Salām	Friede, Kurzform von as-salāmu ʿalaikum (der Friede sei mit Dir)
Salat oder Salaat, Şalāh	arabische Bezeichnung für das fünfmalige tägliche Pflichtgebet (eine der fünf Säulen des Islam, siehe auch Hadsch, Saum, Schahada, Zakât)
S.A.S.	Friede und Segen auf ihm (Mohammed). Formel, die Mohammeds Namen von Muslimen immer angefügt wird
Saum oder Sawn	Bezeichnung für das Fasten, insbesondere im Monat Ramadān, (eine der fünf Säulen des Islam, siehe auch Hadsch, Salat, Schahada, Zakât)
Šahāda oder Schahada	das Glaubensbekenntnis (eine der fünf Säulen des Islam, siehe auch Hadsch, Salat, Saum, Zakât)
Schaila	Schal, der von Frauen über das Kopfhaar gelegt wird (siehe auch: Al-Amira, Chimar, Hijab, Niqab, Tschador)

Šarī'a oder Scharia	„Weg zur Wasserstelle", „Straße". Gesamtheit der Vorschriften, die das Leben des Muslims bestimmen. Der weitaus größte Teil der *Šarī'a* befasst sich mit gottesdienstlichen Pflichten, Erb- und Familienrecht
Scheker Bayram (türkisch)	Zuckerfest. Vier Festtage zum Abschluss des Fastenmonats Ramadān (siehe auch 'Āschūrā', 'Īd al-adhā, 'Īd al-Fiṭr)
Schia	„Partei", hier Partei Alis. Die Schia vertritt den Anspruch, dass allein Ali als Schwiegersohn Mohammeds sowie dessen Nachkommen Nachfolger des Propheten und Führer der Muslime („Imâm") sein können
Schiiten	Anhänger der Schia. Schiiten finden sich im Irak, am arabischen Golf, im Libanon und als Mehrheit im Iran
Schirk oder Širk	Polytheismus, Vielgötterei, jede Form des Abweichens
Sira oder as-Sīra an-nabawīya	Biographie Mohammeds, verfasst von Ibn Ishāq (gest. 767)
Sunna	Brauch, Tradition, Überlieferung, hier besonders die Praxis des Propheten Mohammed (siehe auch Hadîth)
Sunniten	Anhänger der Sunna, des Brauches, der Tradition, wie sie durch die Überlieferung der Taten und Aussprüche des Propheten und seiner direkten Nachfolger gewährleistet ist. Mehr als 70 % aller Muslime können zu den Sunniten gerechnet werden

Sura oder Sure	arabische Bezeichnung für ein Kapitel des Koran
Tafsīr	Auslegung des Korans, Exegese
Takke	(türkisch) Mütze, Kopfbedeckung. Fromme Muslime bedecken ihren Kopf während des Gebetes gemäß der Sunna
Taqīyya	sich schützen; in Gefahr: Verleugnung seines islamischen Bekenntnisses
Tschador	wird von Frauen als Umhang um Kopf und Körper getragen (siehe auch: Al-Amira, Burka, Chimar, Hijab, Niqab, Schaila)
‚Ulama'	islamische Gelehrte
Umma	„Kinder einer Mutter", Gemeinschaft der Gläubigen
'Umra	zeitunabhängige Pilgerfahrt nach Mekka (siehe auch Hadsch)
VIKZ	Verband der Islamischen Kulturzentren Köln e.V. – bundesweiter Dachverband islamischer Gemeinden (siehe auch DİTİB, IR, KRM, ZMD)
Zakât oder Zakāh	wörtlich: „Reinheit". Bezeichnung für die Pflichtabgabe insbesondere an Bedürftige (eine der fünf Säulen des Islam, siehe auch Hadsch, Salat, Saum, Schahada)
ZMD	Zentralrat der Muslime in Deutschland (siehe auch DİTİB, IR, KRM, VIKZ)

Quellennachweise

Alle Koranzitate in diesem Buch beziehen sich auf Übersetzungen von Paret, Rudi (2014), Der Koran, Stuttgart sowie ders. unter *http://www.koransuren.com.*

Bürgerliches Gesetzbuch (2018), 81. Auflage, Frankfurt/Main.

Grundgesetz für die Bundesrepublik Deutschland (2018), 66. Auflage, Frankfurt/Main.

Khoury, Adel Theodor (Hrsg.) (2008), Der Hadîth. Urkunde der islamischen Tradition, Bände I – V, Gütersloh.

Kapitel 1

Hesse, Konrad (1999), Grundzüge des Verfassungsrechts der Bundesrepublik Deutschland, Neudruck 20. Auflage, Heidelberg, S. 28, Rn 72.

Kapitel 3

Verfassungsschutz beobachtet Moscheen in Deutschland, unter: *https://www.verfassungsschutz.de/de/oeffentlichkeitsarbeit/publikationen/verfassungs-schutzberichte.*

The Future of the Global Muslim Population des US-amerikanischen Pew Research Center und seinem Forum on Religion & Public Life, unter: *http://www.citizentimes.eu/2011/02/01/muslimische-bevoelkerungsentwick-lung-1990-2030/.*

Kapitel 4

BMJV - Bundesministerium der Justiz und für Verbraucherschutz (Hrsg.) (o.J.), Gibt es eine Paralleljustiz in Deutschland? Streitbeilegung im Rechtsstaat und muslimische Traditionen, Berlin, S. 3 ff.

Bundesverfassungsgericht, Entscheidung vom 16.05.1995 – 1 BvR 1087/91 –, unter: *https://dejure.org/dienste/vernetzung/rechtsprechung?Text=1%20 BvR%201087/91.*

Dienstbühl, Dorothee (2013), Paralleljustiz in Deutschland – Machtlose Polizei?, in: Deutsche Polizei. Zeitschrift der Gewerkschaft der Polizei, Nr. 10, Berlin, S. 1.

Europäischer Gerichtshof für Menschenrechte, Entscheidung vom 18. März 2011 – 30814/06 – unter: *https://dejure.org/dienste/vernetzung/rechtsprechung? Gericht=EGMR&Datum= 18.03.2011&Aktenzeichen=30814%2F06.*

Kapitel 5

Arbeitsmarktstudien der Universitäten Linz und Konstanz unter: *https://www.zeit.der/gesellschaft/zeitgeschehen/2016-09/arbeitsmarkt-kopftuch-musliminnen-bewerbung-diskriminierung-studie* sowie *http://legacy.iza.org/en/webcontent/press/releases/IZAPress20100208EthnicDiscrDP4750.pdf.*

Hallenberg, Bernd (2016), Migranten-Lebenswelten in Deutschland 2016. Projektphase 1: Qualitative Leitstudie. Zwischenbericht des vhw-Bundesverband für Wohnen und Stadtentwicklung e. V. auf Basis der qualitativen Explorationen von Sinus Sociovision, Heidelberg, Berlin.

Ders. (2017), Unser Leben in Deutschland Die neuen Migrantenmilieus. Erkenntnisse aus dem qualitativen Teil der vhw-Migrantenmilieustudie 2017/2018, Berlin.

Sinus-Studien unter *https://www.sinus-institut.de/* zzgl. Suchbegriff.

Kapitel 6

Arikan, Hasan (o.J.), Der kurzgefasste Ilmihal. Illustriertes Gebetslehrbuch, Köln.

Fatwa des Fiqh-Rates der IRH vom 7. Januar 1998, unterschrieben vom Vorsitzenden Amir Zaidan (Memento vom 29. Juli 2004, Internet Archive).

Kapitel 8

Schuster, Josef unter *https://www.welt.de/politik/deutschland/article147173550/ Zentralrat-der-Juden-warnt-vor-arabischem-Antisemitismus.html.*

Kapitel 9

Ceylan, Rauf (2010), Die Prediger des Islam. Imame – wer sie sind und was sie wirklich wollen, Bonn.

Koopmans, Ruud (2013), Fundamentalismus und Fremdenfeindlichkeit. Muslime und Christen im europäischen Vergleich, Berlin; auch als Download: *https://link.springer.com/chapter/10.1007%2F978-3-658-08733-3_17.*

Kapitel 10

BASS – Bereinigte Amtliche Sammlung der Schulvorschriften NRW, 12-05 Nr.1, 5.2.

EMNID-Studie Avantgarde Gesellschaft für Kommunikation mbH, Generation Bravo, München 1999, die zeitbedingt ihre Repräsentativerhebung allerdings auf christlichen Religionsunterricht bezog. Eine aktuelle repräsentative Studie zur Beliebtheit von Religionsunterricht in Deutschland fehlt bislang.

Kermani, Navid, in einem Interview mit der ZEIT am 20.08.2015 zum Thema „Religion ist eine sinnliche Erfahrung", vgl. *http://www.zeit.de/2015/34/navid-kermani-christentum-kunst-unglaeubiges-staunen.*

Shell Deutschland (Hrsg.) (2015), 17. Shell Jugendstudie – Jugend 2015, Frankfurt/M., S. 20.

Kapitel 12

Ucar, Bülent (Hrsg.) (2013), Islam im europäischen Kontext. Selbstwahrnehmungen und Außensichten. Reihe für Osnabrücker Islamstudien, Band 9. Frankfurt/M. (zu Exegesemethoden).

Kapitel 13

Deutsche Islamkonferenz, Erklärung gegen häusliche Gewalt und Zwangsheirat, unter:*http://www.deutsche-islam-konferenz.de/SharedDocs/Pressemitteilungen/DIK/ DE/120419-pressemitteilung-bmi.html.*

Falthauser, Norbert (2006), Falsche Fremdenfreundlichkeit. Islamisches Frauenbild gefährdet europäische Lebensart, Tübingen, S. 81.

Gesetz zur Bekämpfung von Kinderehen vom 21. Juli 2017, Bundesgesetzblatt Jahrgang 2017, Teil I, Nr. 48.

Isidor Markus Emanuel, Bischof von Speyer, Fastenhirtenbrief vom 02.02.1953, unter: *https://archive.org/stream/a635309862bernuoft/a635309862bernuoft_djvu.txt.*

Kizilhan, Jan İlhan (2002), Vorstellung von Ehre, Scham und Sexualität in Gemeinschaften aus dem Mittleren Osten – Therapeutische Ansätze bei sexualisierter Gewalt, Familienkonflikten und Umgang mit Normen aus dem Herkunftsland, S. 4, unter: *https://www.michael-balint-klinik.de/pdf/sexualit%e4t_therapie.pdf.*

Reidick, Gertrude (1953), Die hierarchische Struktur der Ehe, München, S. 41 ff.

Yazgan, Ayfer (2011), Morde ohne Ehre: Der Ehrenmord in der modernen Türkei. Erklärungsansätze und Gegenstrategien, Bielefeld, S. 21.

Kapitel 14

OVG – Oberverwaltungsgericht Münster, Entscheidung 19 A 2705 vom 29. März 2006; vgl. auch Bundesverwaltungsgericht vom 8. Mai 2008 – 6 B 64/07.

Schmidt, Jürgen H. (2017), Basics interkultureller Kommunikation. Bausteine für die Entwicklung interkultureller Kompetenz, Norderstedt.

Kapitel 15

Bielefeldt, Heiner, siehe UN-Dokumente A/HRC/28/66.

Litsch, Franz-Johannes, Religion und Gewalt, unter: *http://www.buddhanetz.org/aktuell/Religion%20und%20Gewalt.pdf.*

Schuster, Josef unter *https://www.welt.de/politik/deutschland/article147173550/Zentralrat-der-Juden-warnt-vor-arabischem-Antisemitismus.html.*

Kapitel 17

Fatwa gegen den IS unter: *https://www.contra-magazin.com/2014/11/120-sunnitische-gelehrte-unterzeichneten-eine-fatwa-gegen-den-islamischen-staat/.*

Jakobs, Günther (2000), Das Selbstverständnis der Strafrechtswissenschaft vor den Herausforderungen der Gegenwart, Kommentar, in: A. Eser, W. Hassemer, B. Burkhardt (Hrsg.), Die deutsche Strafrechtswissenschaft vor der Jahrtausendwende. Rückbesinnung und Ausblick, München, (Fn. 4), S. 51.

Ders. (2004), Bürgerstrafrecht und Feindstrafrecht, in: Onlinezeitschrift für Höchstrichterliche Rechtsprechung zum Strafrecht, Hamburg, S. 88.

Singelnstein, Tobias und Stolle, Peer (2006), Die Sicherheitsgesellschaft. Soziale Kontrolle im 21. Jahrhundert, Heidelberg, S. 106 ff.

Spenlen, Klaus (2017), Religiöse Konflikte in multikulturellen Gesellschaften, in: Barz, Heiner und Spenlen, Klaus (Hrsg.), Islam und Bildung, Wiesbaden, S. 171-192 (zu Parallelbegriffen im Juden- und Christentum).

Kapitel 18

FGM prevalence UNICEF 2015, unter: *https://commons.wikimedia.org/wiki/File:FGM_prevalence_UNICEF_2015.svg*.

Terre des Femmes, Studie zu weiblicher Genitalverstümmelung, unter *https://www.frauenrechte.de/online/images/downloads/fgm/ EU-Studie-FGM.pdf.*

Kapitel 20

MuslimOpenMind unter *http://muslimopenmind.de/.*

Wegweiser unter *https://www.wegweiser-praevention.de/.*

Kapitel 21

Hofstede, Geert (2011), Lokales Denken, globales Handeln, Frankfurt.

Emcke, Carolin (2016), Gegen den Hass, Frankfurt/M.

Kapitel 23

Krastev, Ivan, „Einer von uns". SPIEGEL-Gespräch, Ausgabe 6/2018, unter: *https://magazin.spiegel.de/SP/2018/4/155351725/index.html.*

Literaturtipps

Al-Khalili, Jim (2012), *Im Haus der Weisheit. Die arabischen Wissenschaften als Fundament unserer Kultur,* Frankfurt/M.

Ansary, Tamin (2010), *Die unbekannte Mitte der Welt. Globalgeschichte aus islamischer Sicht,* Frankfurt/M.

Assmann, Jan (2016), *Totale Religion: Ursprünge und Formen puritanischer Verschärfung,* Wien.

BAMF (Hrsg.) (2009), *Muslimisches Leben in Deutschland – im Auftrag der Deutschen Islam Konferenz,* Nürnberg.

Kiefer, Michael u. a. (Hrsg.) (2018), *„Lasset uns in sha´a Allah ein Plan machen". Fallgestützte Analyse der Radikalisierung einer WhatsApp-Gruppe,* Wiesbaden.

Neumann, Ursula (1994), *Ohne Jeans und Pille. Als „man" noch heiraten mußte,* Stuttgart.

Rohe, Mathias (2013), *Das islamische Recht,* München.

Spenlen, Klaus (2016). *Islam in Deutschland. Ein Leitfaden für Schule, Aus- und Weiterbildung,* Essen.

Ders. (2014), *Im Zwiespalt konkurrierender Identitäten. Erziehungsvorstellungen in Migrantenfamilien aus der Türkei,* in: Bildung und Erziehung, Heft 7, Wien / Köln, S. 135-152.

Ders. (2015), *Neo-Salafisten werben Schüler – Teil 1: Ideologie und Programmatik des Salafismus,* in: SchulVerwaltung NRW, Heft 2 sowie in den Landesausgaben Hessen / Rheinland-Pfalz, Niedersachsen, Baden-Württemberg und Bayern, Kronach.

Ders. (2015), *Neo-Salafisten werben Schüler – Teil 2: Möglichkeiten schulischer Prävention,* in: SchulVerwaltung NRW, Heft 3 sowie in den Landesausgaben Hessen/Rheinland-Pfalz, Niedersachsen, Baden-Württemberg und Bayern, Kronach.